面试圣经：深入剖析雇主想要什么样的人

This Is How to Get Your Next Job
An Inside Look at What Employers Really Want

Andrea Kay 著　　戴维 译

《你的降落伞是什么颜色？》

作者Richard N. Bolles倾力推荐

中国劳动社会保障出版社

图书在版编目(CIP)数据

面试圣经：深入剖析雇主想要什么样的人/（美）凯（Kay，A.）著；戴维译. —北京：中国劳动社会保障出版社，2015

书名原文：This Is How to Get Your Next Job：An Inside Look at What Employers Really Want

ISBN 978-7-5167-2050-9

Ⅰ.①面… Ⅱ.①凯…②戴… Ⅲ.①职业选择-通俗读物 Ⅳ.①C913.2-49

中国版本图书馆 CIP 数据核字(2015)第 232441 号

北京市版权局著作权合同登记号 图字 01-2014-7892

中国劳动社会保障出版社出版发行

（北京市惠新东街 1 号 邮政编码：100029）

*

保定市中画美凯印刷有限公司印刷装订 新华书店经销

787 毫米×1092 毫米 16 开本 11.5 印张 187 千字

2015 年 9 月第 1 版 2015 年 9 月第 1 次印刷

定价：28.00 元

读者服务部电话：（010） 64929211/64921644/84643933

发行部电话：（010） 64961894

出版社网址：http://www.class.com.cn

谨以本书缅怀我的父亲，是他在我 5 岁时给了我第一份工作，教会我如何成为这个世界将要知道的“最好的削笔刀”。同时缅怀我的母亲，对我所做的一切，她都无比支持。

前言

如果你正在求职，我建议你阅读这本书。但在我们谈“为什么要读”这个问题之前，请你想一想这是件多么奇怪的事：一位作家为什么会给读者们推荐另一位作家的书呢？为什么作家们会这么做呢？而且推荐的还是同一个领域的作家。你是不会在其他市场领域看到这种现象的。可口可乐会推荐百事可乐吗？肯定不会。商业领域里，你从来不会推荐你竞争对手的产品。为什么呢？一个非常简单的道理：消费者的钱是有限的。如果他们购买了你的竞争对手的产品，就没多少钱购买你的产品了。那么，作家建议人们把钱花在别的作家的书上，是不是疯了呢？我只能根据我的自身经验讲几句。我个人认为，这其实完全讲得通，主要有 3 个理由。

第一，书籍铺天盖地。《旧约》中的《传道书》有如下阐述：“我的子民，你当受劝诫……著书多，没有穷尽……”为了更清楚地解释这句话，截至 2010 年 8 月，谷歌显示现存书籍共有 129 864 880 种。我现在也不知道究竟这其中有多少种与职业规划或者求职相关，但在该领域著书几十年后，我可以说这会是一个让很多人惊讶的数字。你想读书吗？你想读有用的书吗？一般人很难知道该从哪本书开始读起，因为选择太多了。我愿意帮助大家，让读者们把注意力放在书海里的优秀图书上，尤其是这一本。

第二，声音。我的书销售了一千万册，近 40 年以来在世界各地一直是最畅销的求职类书籍。但是，很多人听不到我的声音，对于任何一本书的作者来讲，都会出现这种情况。无论出于何种原因，他们就是听不到。他们需要别的声音，这个声音传达了几乎是同样的意思，但却能走进他们的心里，而我的声音却做不到这一点，永远也做不到。安德里亚的书讲了我强调了很多年的事实，但是我们的声音略有不同。本书所拥有的声音既有趣，又充满智慧。你会问，是什么事实？事实就是，如果你在找工作，你就必须进入这个社会，知道雇主的想法。在你面试之前，你必须尽可能地了解这个公司或者组织的信息。工作面试更像是去约会，而不像是卖二手车。你和雇主一样，都会试图在面试过程中收集信息，然后做出决定。自知之明永远比市场信息更重要。如果你在找新的工作或者开始一段新的职业生涯，这些知识非常重要。请你选择适合你的、你最愿意聆听的声音。

最后，深度。安德里亚所写的关于面试的内容比我的作品要深入得多，比市场上同类书籍也要深得多。她在这个领域很有权威。安德里亚采访了无数位雇主，并提出了我从来没有问过的问题：为什么你不雇用刚刚你面试的 10 个人？根据他们的回答，安德里亚构筑了一套周全有效的面试策略，使所有读过这本书的求职者都会受益。我认为这样的深度在求职这个话题上很有必要，尤其是在当今经济不景气的时期，则显得更为重要。这本书就是一份礼物，请仔细阅读这本书吧。

理查德·尼尔森·鲍利斯　　作家

代表作品：

《你的降落伞是什么颜色？》（*What Color Is Your Parachute?*）

《求职者和转行者的实用手册》（*A Practical Manual for Job-Hunters and Career Changers*）2013 年版；每年改写一次。

目录

引 言

我为什么一定要写这本书

有两个理由。

理由 1：我再也无法忍受自己朝着收音机大吼大叫的情景。

我不知道你们是不是这么想，但无论出于什么原因，我讨厌听见自己大吼大叫。尤其是我一人独处时，一个人大吼大叫也于事无补，因为只有我家里的一只狗和两只猫才能听见。

我的一天就这样开始了。在房间里我能听到收音机播报的关于工作和失业情况的新闻。

堪萨斯州的一位女性谈到，她以同样的求职信向 150 多家单位寄出了简历，"然后我一个回复都没有收到。"她如是说。

我当时就大叫："不要那么做！"

面试官询问来自佛罗里达州的一位男性求职者，问他希望做什么工作。对方回答："我希望这份工作能够用得上我的技能，需要与人沟通，或许能够用计算机工作。"

我大叫："不要那么说！"

一位女性求职者已经花了一年的时间去找工作，当问到她想要做什么的时候，她回答道："哦，那个……我有点想……嗯，我想做点英语或者通信专业的事情，但我就是找不到工作。"

当然了，我又大叫："别那么说！"

理由 2：我想知道我丈夫是不是已经疯了。

六个多月以来，我看到他想要为自己的小公司雇用一位新员工。他经常回到家就开始抱怨，这些求职者在邮件里，或者在星巴克、午餐时间、办公室或者电话里进行的面试中说了什么和做了什么。

有一天晚上他说："够了，我受够了！我放弃了。"他真的很难过，整件事情让他很沮丧。

问题出在他身上吗？他做得对吗？我开始与大中小型企业的老板们交流。全国范围内，他们都经历着同样的事情。他们有岗位需求，但他们又说找不到合适的人来填补空缺，还告诉我这是职位候选人的所作所为让他们得到了这样的结论。结果，雇主优先考虑的东西和求职者所期望的东西完全无法协调。

如果求职者们能听我说几句就好了。就业市场充满了担忧，求职者们总是有非常多的失望情绪，他们和雇用方之间又有误解。或许我能够填补一点他们之间的距离。

大多数求职者告诉我，他们的目标就是从众多求职者中"脱颖而出"，受到关注，拿到录用通知——而这又是多么难的一件事。雇主们一致同意，"脱颖而出"很重要。但是他们又说，这其实没有那么难。这其实就是不要做别的人都在做的事。

在你钻研这些求职细节之前（我在第 3~6 章中给出的"不要那样做/这样做"这些建议里就包含这些细节），你需要先仔细阅读第 1、2 章，这很重要。因为你为了有效地运用这些"不要做"和"必须做"规则，你就必须懂得以下内容：

· 雇主们今天是怎么想的

· 在和你竞争的数以百万计的求职者里，你应该如何做到"脱颖而出"

· 为什么雇主们可能不会雇用你

· 雇主们在寻求什么样的求职者，他们为什么会雇用你

· 你想要给雇主留下怎样的印象

· 如何向雇主展示你最真实的一面

· 如何向雇主展示你所拥有的且是职位要求的技能，以及你就是他们需要的某一类人

· 如何在面试前、面试过程中、面试结束后不断强化你之前就想为雇主留下

的印象

我将在前两章里讲到这些问题和更多问题，并会在之后的章节里不断地重复提到上述问题。

我所分享的“不要做”和“必须做”规则适用于所有现在打算求职的读者朋友。你可能在寻找你人生中的第一份工作，或者成为一位经验丰富的老员工，或者转行到一个全新的领域，或者成为一名合同工。有些事情你绝对不能做，有些话你绝对不能说，有些衣服你绝对不能穿，而实际上很多25岁的青年甚至一些高级主管却犯了这些禁忌。

我是怎么想到这些具体的“不要做”规则的呢？大部分都来自于和我交流过的雇主，他们需要雇用人来填补美国东部、南部或者中部的某些工作岗位，以及加拿大和世界其他地区的职位空缺。

我关注我的客户和读者们在做什么、说什么，以及他们求职过程中的阻碍因素，尤其是在这种情况下。我听取了很多刚毕业大学生父母的声音，他们告诉我他们的孩子在做什么。很多人没有意识到，他们所做的事情其实关系到他们是否会被录用。

毫无疑问，找工作这件事容易让人感到气馁。有点像站在马路边搭顺风车（我现在不建议大家去搭顺风车）。一个小时过后，小汽车和卡车从你身边呼啸而过，于是你就开始感到绝望。你会想：“到底有没有人愿意停下车来载我一段？我会永远都站在马路边吗？”

此时此刻，你可能很难解答这个问题，但是，你肯定不会在马路边上等一辈子。经过一段时间以后，终将有一位对的雇主注意到你，欣赏你，并最终雇用你。这本书就是要告诉你，怎么让这一刻来得更早一些。

第一章

你看起来是什么样，你就是什么样

每个人都会有自己的观点。你也是一样。我母亲更是如此——对于我留什么发型，穿什么鞋子，杂乱的壁橱等都有自己的想法。但这些都是另外一码事，你不需要太担心这些。

你需要留意的想法来自于那些更有决策力的“他们”——也就是要雇用你的人。

这些人都是非常成功的企业家，比如埃里克·札克曼、罗伯·巴索、迈克尔·兹维克、黛安娜·邓金、桑德·丹尼尔、艾伦·扬以及亚历克斯·丘吉尔。这些人，以及还有更多像他们的人，都拥有很多需要填补的职位空缺。职位？是的，这些职位空缺亟待填补。

或许他们有非常适合你的职位，也可能没有。过一阵子，你会听到关于这些职位的更多信息，以及其他人事部经理有多么求贤若渴。现在，你需要知道他们以及其他负责招聘的人是怎么想的，以及为什么会这么想。理解这些能够帮助你从数以百万计的同一个职位的竞争者中脱颖而出，成为你今天和未来顺利走向工作岗位的入场券。

当然，上面举例的这些人并不能代表所有的雇主。但总的来说，他们所想的和我拜访过的每一位雇主告诉我的非常相像。这些雇主来自各行各业，企业规模也各有不同，大、中、小型企业均有。你不需要跟每个雇主细谈就能知道这个事实：要想找到很适合某个职位的优秀人才，实在是非常，非常，非常难的事情。

太难了，以至于一些雇主干脆放弃了寻找。

怎么会这么难呢？外面有数以百万计的身体力行的无业者或者并不快乐的工作者，为什么雇主们很难找到好员工？他们到底想要找什么样的呢？

这并不是你所想的——好员工只需拥有正确的专门技术或实用技能——也就是大多数人称作的“正确的技能”。

也并非只需拥有“正确的经历”。

经历和技能的确重要。

而且，像信息技术、金融、工程和其他领域的一些职位确实很难找到适合的人，因为这些职位需要特别的人才和专业的技能。当每个人（政治家、雇主、猎头、招聘人员和未来主义者）都在不厌其烦地谈论工作岗位的时候，很多人也指出某些领域里缺乏人才和缺乏专业技术的现状。

而且，对于很多工作，应聘者的教育水平确实也是考虑的一个因素。

但是……

现在，假定你拥有所谓的“正确”经历、专业技术和教育水平。即便你有了如上所述的所有资质，你依然能听到雇主们抱怨他们还是找不到对的人。

你或许是行走在这片土地上的最有才能的人，并且能展示出精准的专业技术。但你可能还是不会被聘用。原因就在于，你看起来是怎样的。

他们为什么不聘用你

我问过雇主们这样一个简单的问题：为什么你不雇用你刚刚面试过的 10 个人？你知道这些雇主是如何回答的吗？每个应聘者的一举一动都会直接影响他们给面试官留下的印象。有时候是一位应聘者在邮件里、电话里或者面对面交谈中做了或者没做什么，说了或没说什么。这些会发生在面试的前三分钟里，就像一位经理跟我说的，在将一位面试者送到出口的最后三分钟里也能看出对方是什么样的人。

无论公平与否，雇主们说人们表现出来的行为能够透露出非常多的信息。人们的行为会在很大程度上影响他们自己，这些行为不仅能预测出他以后会是什么样的员工，能否胜任这项工作，还能预测出一个非常难确定的因素：这个人是否“适合”在他们的公司工作。根据雇主的说法，实际上大多数应聘者都不“适合”。稍后我们会讲到更多关于“适合”的话题。

“你向雇主传递的信息和你将在这个职位上的表现不无关系。应聘者未来的工作表现完全可以预测出来。”

——来自美国辛辛那提市的律师事务所 Strauss & Troy 的董事长比尔·斯特劳斯在试图寻找一位兼职市场总监后，得出以上结论。

我需要说明，这些雇主并没有轻易得出这样的结论。他们花费了几个月甚至一年的时间面试那些应聘者，最后却感到很沮丧，觉得很难找到适合公司的优秀人才。美国东海岸地区一家小型企业的首席执行官在面试了一批又一批应聘者后，告诉我：“我们都知道有很多人没有工作。但我想知道，那些合格而又愿意踏踏实实工作的员工到底去哪了呢?”

根据那些急于招聘员工并开展业务的雇主们的说法，是否雇用某个人——甚至是要不要给他们面试机会——关键在于：申请这个职位的人看起来怎么样。

读到这里，在你有些狂躁不安之前，请思考：对于雇主们这样的说法，我应该怎么做？我无法控制雇主们对我的看法，无法控制我在他们心目中的印象！请听我细细道来，也听听雇主们的想法。

你当然无法控制他们的思想。一个人在初次见到你之后对你的第一感受将受到多方面的影响。根据新罕布什尔大学的心理学教授杰克·迈耶的说法，能够影响别人对你的感受的因素包括一个人在某个具体时刻的心情，彼此是否有相似之处，你和对方是否相似，是否让对方觉得你很欣赏对方，以及个人信仰、偏见、个人经历等。

有时候你无论如何也无法达到某个人的标准。迈耶曾经帮助过一家汽车代理商进行人事招聘，他告诉我，那里的销售经理招人的唯一标准就是应聘者的星座。

但这完全是另一码事。

在人们决定他们对你的感觉时，这个过程并不是直截了当或很符合逻辑。他们不会分析他们所看到的，而是像法医心理学家肯尼斯·曼奇所说的：“我们看到某事物时，并根据自己的感受而产生反应……用不了多久，我们就形成了结论。”

根据心理学家伊丽莎白·隆巴尔多的说法，雇主们也是人，他们也会进行心理学家们所称的“负过滤”——只关注负面信息，而不注意到正面信息。

社会学家 BJ·加拉格尔解释道：“人心是一个不协调的探测器，总是先看到错的事物，然后才会看到对的。我们的大脑始终会先注意到缺失的、不合时宜的、错误的事物。”

所以你猜会发生什么？根据隆巴尔多的说法，雇主们会倾向于看到你身上有一点不完美的地方，然后笼统地得出“你并不是合适的人选”这样的结论。

但你依然拥有比自己认为还要大的力量来影响他们对你的看法，就看你说什么和做什么了。我也要和你分享你需要停止做的事和说的话，以及需要开始做的事和说的话，使面试官对你保持兴趣。这些都是确实可以控制的事情。现在，我们先讨论他们是怎么想的，以及他们为什么这么想。

他们的想法可能会非常挑剔。但当你站在他们的立场来听取他们的想法时，你会觉得那些想法也有一定的道理。实际上，如果你跟他们一样也是雇主，你或许也会有同样的思想，同样的感受。我们稍后再对此进行测试。

即使在经济形势良好的情况下，能否被聘用关键在于你是否胜任这个工作，以及你看起来是怎样的员工。即使在经济繁荣时期，负责招聘的人也会通过你给人的感觉判断你是什么样的员工，即根据你的实际表现来判断。

但在不景气的经济时期里——雇主们没有多余的心思、时间和金钱在招聘中犯下代价高昂的错误——他们会更多地关注你是什么样的人和你给他们留下的印象，以及最后是否要聘用你。在经济困难时期招聘员工时，雇主们更不会犹豫，而是更加仔细地观察你的言行。他们也确实应该如此。

他们已经焦头烂额

一些雇主因为最近几年新招聘的员工给他带来了糟糕的经历，于是变得愤世嫉俗、过于谨慎。雇主们曾经在准备聘用这些员工时有过疑虑，曾经对他们满怀信心，愿意相信这些员工能够把工作做好。

Loyalty Factor 是新罕布什尔州朴茨茅斯市的一家咨询培训公司，这家公司的董事长黛安娜·邓金曾经有过这样的一次经历：她在几个月的面试后雇用了一位新员工。就在新员工正式上班的前一天晚上，邓金收到了这位员工的邮件，内容是“我决定不来工作”，而且没有作出任何解释。

邓金雇用的下一位员工（此人已经两年没有工作）在工作的第二天走进她的办公室，说：“天哪，你们的工作强度太大了，我觉得我做不到。”然后离开了。

所以，现在她面试应聘者时，她会仔细观察以发现他们不专业或者不可靠的任何迹象。一个简单的测试就是：是否能按他们承诺的那样做？

为了测出这一点，并判断一个人是否适合在公司工作，她会对每一位应聘者进行评估测试。但她要看的不只是应聘者给出的测试答案，还有应聘者在测试中的表现。

举一个例子，邓金给了某应聘者一份测试，并约定第二天早上让应聘者把测试答案发给她。

“应聘者那天早上晚些时候打来电话，说自己刚刚醒。”邓金说道，“她的话听起来模棱两可，说她刚刚和丈夫吵了一架。我觉得她喝醉了，甚至可能在吸毒，因为她的话毫无逻辑，语无伦次。后来她又打过来三四次电话，说她真的需要这份工作。”

下一个应聘者可能有符合要求的技能，但希望薪资能够私下支付。你能怪邓金觉得这位应聘者不厚道吗?

俄亥俄州的一位企业家花了将近三万美元来组建他的办公室以及培训他的第一位员工。他花了半年多的时间面试了 75 个人，最后雇用一位已毕业的女孩。这位新员工从没说过这份工作让她不开心，但她在工作了四个半月后的一个深夜开车到办公室，她打包带走了自己的所有物品，然后发了一封辞职邮件给上司。

邓金常为其他小型企业做咨询工作，她说：“我每天都听到人事经理说他们找不到有竞争力的、专业的应聘者。他们所需要的员工应具备可靠的职业道德，得体的着装，以及良好的沟通技能。他们问我，在应聘过程中，我怎么能够根据一些表象判断对方到底是否真正有竞争力，还是在自我吹嘘。”

其中一种办法能帮助雇主们做到这一点，即仔细观察应聘者说了什么，做了什么，以及他们的言行是否与雇主们心仪雇员的言行相匹配。更确切地说，就是雇主们对于他们面试过的成百上千的求职者给出了何种结论，他们为何得出这些结论，以及是什么使得他们对求职者说：“很遗憾，我们对你不感兴趣。”

到处皆是不良行为

你在思考什么?

当一位应聘者在一场面试里分享了她个人问题的诸多细节时，埃里克·札克曼脑海里的警钟早已敲响。札克曼是 Pac Team 集团的董事长，该集团是一家国际化制造贸易公司，坐落于美国新泽西州帕拉默斯市，向全球客户提供定制展台、包装和其他机械装置。

“她花了 20 分钟的时间讲某件事是怎么发生的，然后讲另一件事又是怎么发生的，自己是如何变得抑郁，然后去看了医生。”

他得到了什么结论？这位应聘者的判断力很差，缺乏专业性。

还有一次，他面试了一位女应聘者，这名应聘者似乎拥有成为一个项目经理应必备的技能——良好的设计灵感和创造力。这位应聘者在面试后给了他一张DVD 光盘，里面是她的作品集，供他参考。

“回到家，我和妻子坐在一起看了这个 DVD，视频内容是她（应聘者）全裸摆出的各种艺术造型。另外一个视频是她正在采访躺在床上的情侣。”

现在你不得不好奇：那位应聘者到底在想什么呢？这样的事情难道不会让任何一个理智的人质疑她将来的工作表现吗？

再举一个没那么戏剧化的例子，也是讲一个应聘者因为糟糕的判断力导致面试失败。此事发生在坐落于旧金山的 Thumbtack. com 公司，这家公司主要引导消费者享受城市中的各种服务。桑德尔·丹尼尔是该公司的首席执行官兼联合创始人，同时负责监管用户愉悦度，有一天他进行了一场很长的面试。

“我们中途休息了一会儿，吃了点晚餐”，丹尼尔说道，“我们的首席执行官只是出于友好，告诉应聘者我们有碳酸饮料和气泡矿泉水，而且还开玩笑说你还可以喝一点啤酒。结果应聘者真的这么做了。在我们的总工程师面试他的过程中，他坚持喝完了一整罐啤酒。

“他太年轻了，没有意识到在面试中喝酒是不太体面的事。他达不到我们的标准。”

这位应聘者并不是懒散的人，只是在“展示良好判断力”这个方面的做法不够明智。

你确实很难取悦面试官

丹尼尔又洞悉了另一位应聘者，这位应聘者在一开始回答复杂技术问题时的表现非常好。但当面试官的问题涉及他并不熟悉的某些技术领域时，他就“出故障了”。他的回答模棱两可，而且当被问到一些细节时，他被激怒了，说道：“我不太了解硬件方面的东西，但是我其他的问题还是答得很好的！’”

丹尼尔说，这种反应表明此人在工作中“受到批评时会不开心”。

Shelf Genie 特许经营体系公司坐落于乔治亚州的玛丽埃塔市，主要业务是设计、建造和安装用户定制的架子。首席执行官艾伦·扬提到一位在他们公司参加过面试的一位应聘者，这位应聘者很有希望，笔试成绩很棒，但是人却“不成熟，性格古怪，不专注，天南海北胡扯一通”。这位应聘者有创新力吗？肯定有。但他“似乎很难管理，并且不会接受别人的指导或建设性的批评意见”，扬说道。

注意扬使用的措辞：这个人“似乎……”

你所要的只是一份“工作”或者拿一份工资

一家中等规模公司的老板曾经在寻找某个接受培训后就能最终接管他公司的人。他有一个很重要的要求：这个人必须希望能够成就一番“事业”，而不只是获得公司里的一个岗位。

“我需要这样的员工：他能够理解我们正在做的事情，并为这件事情出力。但我得到的回复表明他们只是在找份工作，拿一份工资。”

举个例子：他在公司第一次面试应聘者时，有一位应聘者发了一份演示文稿文件给他，里面包含了应聘者提出了对单人办公室和公司用车津贴的要求。另一位应聘者发了一份简历给他，并附上了这样一句话：“我看到你们最近在招人。如果我就是你们所要找的人选，请及时告知。”

这家公司的老板说：“我不知道回复这些话的人究竟是因为太渴望这份工作了，还是太愚蠢了。反正我对他们都不感兴趣。”这算是对该部分的总结。

你就不能按要求做事吗？

罗伯·巴索是 Advantage Payroll 服务公司的老板，该公司在美国弗里波特市和纽约市致力于提供工资单服务、纳税申报和人力资源服务，正在寻求有良好写作能力的人才。按照招聘要求做事同样重要。他的公司发布了一个岗位需求信息，明确提出了“需要应聘者提供一个写作样本”。而在他收到的 100 份回复里，竟然没有一个应聘者附上自己的写作样本。

基于这些回复，巴索当然无法知道这些应聘者是否拥有他所需要的写作能力。很显然，应聘者并没有按要求做事。他们的表现会让雇主们有理由担心他们到了工作岗位也会如此。

喂，你真的想要这份工作吗？

札克曼邀请某些应聘者来参加第二次面试，他却等了一两周也没有收到对方回复，当然工作机会也就没有了。他们有各种各样的借口：我电脑坏了；我参加了一场葬礼；我做了一个手术；家里有急事；孩子病了，或者我在国外。

“我并不是察觉不到，在现在这个交流如此方便的时代，我只能认为这个应聘者对此岗位其实并不感兴趣。”他说道。

不予回复或者其他懒散的行为都会使雇主们怀疑：应聘者在工作中会不会也有这样的表现？

有一家企业正处于成长期，该行业竞争激烈，他们的老板曾经这么说道：在雇佣员工这件事情上，毫无犯错的余地。该企业家在招聘过程中遇到一位似乎很符合他要求的年轻人，这使他很受鼓舞。他将名片给了这位年轻人，说：“给我打电话。”

“对方有着批判性思维，并且写作课得了A。他说他明天给我邮件。”

一周以后，企业家收到了一份冗长的邮件，意思就是“抱歉，我没有及时回邮件，我当时有些事情”。

这位应聘者延迟一周的回复很不专业，企业家立刻明白，这不是他想要的员工。

“若要雇用一个几乎没有，甚至完全没有工作经历的人，我不得不为此投入很多的时间和精力。这是很冒险的一步。我自己兢兢业业地工作，并且我和同样努力工作的人共事。那位应聘者的懒散和不及时的回复告诉我他其实对这个工作并不感兴趣。他缺乏动力和抱负，不值得我在他身上投资。”

这位年轻人一周以后打来了电话，声称他满足雇主对新员工的所有要求。“好吧，请你发给我五份写作样本。”雇主说道。

“他才毕业，我知道他多半写不出我要求的样本。不过我还是想看看他能不能给我惊喜。”

不幸的是，不但没有惊喜，而且写作中出现了非常多的书写错误，更加深了雇主对他的第一印象。

这位年轻人之后又发来了一封邮件，问雇主是否已经读过了他的样本。雇主觉得自己不妨给对方一些建议，于是花了一个小时为这些样本写了批评意见。年轻人对自己的书写错误表示了歉意，并且解释说那天他放下手里的事情，匆匆把样本发送了出去，结果却发送了最初写好的草稿，忘记了正确的文稿在另一台电脑上。

雇主告诉他：“在我们公司这样的专业工作环境里，如果我的工作达不到百分之百的专业和条理清晰，我会连房子都亏掉。”

年轻人因自己受到批评，感到不愉快，并坚持认为他能做好这个工作。

“没错，我确实在批评你。”雇主说道。

这对于求职者来说是个冷冰冰的事实："我不会批评人们的想法。人们只会因自己的行为而受到批评。你甚至都还没有到我们公司网站看看我们到底是做什么的，发给我的东西还有书写错误，还用借口搪塞我。"

雇主说："要是他对待我们公司和工作的热情像他为自己辩护时那样就好了。"

根据"人力资源管理社区"协会于2011年对八类行业的超过2 280位人力资源专家进行的调查问卷显示，较难招聘到好员工的公司认为应聘者在以下四个方面普遍表现不佳：批判性思维和问题解决能力、专业性和职业道德、文字沟通能力，以及领导力。

至少你要展现出值得别人为之付薪水的技能

一家有名望的企业的董事长之前发布广告寻求一位销售员，他告诉我，他收到一封水平很一般的邮件，"这邮件还不如直接投给'山姆的当铺'（位于俄亥俄州的一家典当行）。"

董事长随即回复："对于我们公司，你了解些什么？"

"了解不多。"对方回复。

"这个人申请的岗位会让他接触到很多新顾客。要做好这份工作，必须充分了解这些顾客和他们从事的行业。如果他都不愿意为一位潜在的雇主做这件事，他怎么会有这样的技能为我们公司做事？花半小时的时间研究要应聘的公司是做什么的，然后再组织自己的沟通语言，这没那么难。"

这位董事长继续说道："人们发来一些毫无热情的但又很迫切的询问邮件，觉得和我面试后就能神奇般地变成我想要雇用的员工。但如果他们第一次和我联系时就是这样的表现，他们不会有面试机会。"

巴索曾面试了一位申请客户服务岗位的应聘者。这位应聘者问道："我需要有数学技能吗？我不擅长数学。"

"你怎么能在一家薪酬服务公司问这种问题呢？"巴索说道，"这个人知道'工资单'意味着什么吗？当你和其他100多人竞争这个岗位时，说这样的话是非常严重的失误。"

这是最糟糕的一次

所有公司的雇主如今都更关注上面提到的这些问题，因为跟以前的应聘者相比，现在的应聘者似乎对工作更加渴望，而且为了得到一份工作，他们什么都说得出来。

人们过分吹嘘自己并申请他们毫无相关知识背景或者经验的岗位。札克曼说，他曾听说某些贷款经纪人申请了设计师的岗位。“他们的想法就是，申请的工作岗位越多，能被某个岗位录用的概率就越大。”

但这个想法是错误的，这只会让雇主们不高兴，并对你的求职动机感到怀疑(同时，这也浪费了你大量的时间)。我会在第三章里更多地谈到这个问题。大多数雇主除了能够意识到你资历根本不够以外（因此，应聘者无法给出一个合适的理由来申请这个岗位)，还能够得出“其实你对这份工作并不真正感兴趣”的结论——你只对薪水感兴趣。除非你所学领域的知识能够在工作中派上用场，雇主们才会改变对你的看法。

札克曼指出：“我们所提供的新岗位并不只是一份工作，而是希望员工在这个岗位上得到他们真正想要的东西。”

而且现在发达的信息技术让人们申请工作岗位更加容易，但同时又使人们变得更加粗心。

人们太匆忙了，以至于他们发送了这样的回复给包括札克曼在内的雇主们：“这是我的简历，请考虑是否录用我?”就这一句。札克曼说，他收到的回复普遍如此。

“总是那些不起眼的小事透露了大问题。”

——迈克尔·兹维克，Assets International 公司董事长。该公司是一家私人调查机构，专门查找行踪不明的继承人和受惠人。

下面是雇主们内心的真实想法

如果你现在就表现出下面的情况，你今后在工作岗位上也会如此。

雇主们在面试前、面试过程中及面试后都在观察你、聆听你，同时心里思考着：

·如果你在撰写求职信和面试的过程中表现粗心，那么你以后为我工作时也会粗心。

·如果你表现得不成熟、不专业，工作时也会如此。

·如果你不能准时参加面试或跟进之后的一系列面试安排，那么你在工作时也会不可靠。

· 如果你被面试问题激怒或者被这些问题难倒，或者在面试过程中表现粗鲁，那么你的领导将很难与你共事。

· 如果你现在就展现出糟糕的判断力，在面对我们的顾客、客户和其他人时，你的判断力也会很差。

· 如果你都不能将商品推销给我，又怎么能将产品推销给我们的顾客？

· 如果你没有跟进面试安排，还满嘴借口，工作后，如果你没有完成工作，也会找各种各样的借口。

你就不能像这样做吗？

稍后我们会更详尽地提到如何向雇主展现你能为公司做些什么。你会具体了解到雇主们一定会注意到的东西，当他们看到你身上某种特质的时候，他们知道这就是他们想要的东西——而这些都基于你工作中的言行。

现在我将列出雇主们会注意的员工品质。无论有意或无意，公平与否，他们都会根据你的实际言行（而不是你内心的想法）对你进行判断。下面就是雇主们需要的员工品质：

雇主们正在寻找这样的员工：

1. 始终如一的工作态度，品行可靠
2. 清晰的批判思维能力
3. 成熟
4. 专业
5. 对于工作和所在行业感到兴奋
6. 乐观，有“我能做”的态度
7. 积极主动
8. 思想创新，独出心裁，具有革新精神和创造思维能力
9. 希望与公司共成长
10. 有求知欲
11. 渴望学习和提升自我
12. 和其他人以及团队能很好地合作
13. 灵活，适应能力强

14. 有进取心，对工作有热情，值得公司花费一些资金来培训这些员工
15. 希望成为集体的一部分，而不仅是做自己
16. 良好的沟通能力
17. 潜在的领导力，以及一些“特别的闪光点”

由此可以看到，这个清单列出的并非工作经验或者某领域的专业技能，而是行为、品质、人格魅力、理解力、态度和风度。雇主们没有多余的时间和资金来雇用错误的人。他们很清楚，哪种态度和行为适合工作的开展，哪种不适合。他们也在仔细观察和聆听，试图发现你们拥有哪些特质。

某些雇主（如果我知道，我会告诉你他是谁）说过，公司因为你有专业技能而把你招募进来，却因为你性格方面的问题将你辞掉。雇主确实会因为应聘者拥有良好的性格而雇用他们。

“想象比知识重要。”——阿尔伯特·爱因斯坦

在此，我想提醒你我之前说过的话：没错，一些工作岗位需要一定程度的专业技能、相关知识和功能性技能。就算你刚刚毕业，雇主们也期待你对所学专业比较精通（虽然没有人会期望你无所不知）。

如果应聘者有专业技术，或者一整套工作技能，这些都会为他们加分。所以，请听我说：专业技能并非不重要，它们在求职过程中发挥着很重要的作用。

随着美国经济发展的加速，全世界的新兴市场也在发展，不同规模的企业都需要拥有某些特别技能的员工以维持企业正常运转。

在2012年瑞士举办的达沃斯世界经济论坛年度会议上，万宝盛华集团（Manpower Group）发表了一篇题为“呼吁更有效的技能评估，已达到更好的工作成果”的文章，其中很好地阐述了以下观点：

“宏观经济力量的融合以及人口的转变意味着拥有工作技能的个体供不应求”“资历不足的员工数量依然巨大”。

对于一些雇主，专业技术是最重要的考虑因素——除非其他的更重要。

记得我曾经咨询过的一家公司，这家公司拥有一位所谓的“天才”软件工

程师，他已经升迁到了高级管理层。他简直就是一个浑蛋：粗鲁、傲慢、麻木不仁。包括客户在内的每一个人都讨厌他。他的员工甚至因此辞职。

但为什么公司还要继续雇用他呢？因为在提升公司产品方面，他确实很有能力。而且——这或许是最大的原因——他的上司（这位上司的自我意识犹如伊利湖一般大小）之前从一位竞争对手那里把这个人挖了过来，但也不愿看到这个人如何毁了整个企业。直到这家公司失去了两个大客户之后，这位软件工程师才被解雇。这就是一个鲜明的例子：因为你有技能我雇用你，又因为你的人格问题将你解雇。

这些日子以来，大多数公司都没办法保留这样的员工。他们都在仔细观察，并关注重要的细节。他们都在雇用同时拥有好品格和专业技术的人才。

当然有很多工作都需要专业的技能，例如天体物理学家、注册会计师，甚至是牛仔。下面这种情况你会雇用哪一个人呢：一个拥有相应工作技能和知识（比如擅长管理动物，修理、维护设备和建筑），但他似乎看起来是一个懒惰而且脾气暴躁的浑球儿？另一个是拥有相应工作技能和知识，做事积极，并且有乐观的、“我能做”态度的人？

如果你在人才市场上想为你的大学招聘一位天体物理学家，你会雇用谁：一位拥有必需的分析、研究技能但讨厌与人交流的天体物理学家，还是拥有必需技能且喜欢与同事和学生打成一片的天体物理学家？

Yammer 是一家处于成长期的软件公司，这家公司的招聘主管乔·张曾这样说道：“雇主们很可能在招聘时高估应聘者的工作经验。更重要的是，我们要招聘那些能够用新方法来解决问题的人，以及在决策中有创新意识的人。”

有这样两位应聘者：一位在相应的领域中有丰富的工作经验，另一位则很擅长解决问题。如果让 Yammer 公司的首席执行官大卫·萨克斯只聘用其中一位，他会选择那位问题解决高手。

所有公司都在寻求“经验与个性完美组合”的应聘者，谷歌（Google）也不例外。根据这家公司的发言人的说法，谷歌也会选择拥有良好工作态度的员工，哪怕他们经验不足。公司并不只在乎你的编码技术。

在谷歌 2009 年所做的“什么该做，什么不该做”的问卷调查中，人力资源管理社区向雇主们提出这样一个问题：如果同时有两位工作经验有限的应聘者申请了你所在公司的同一个岗位，你会更看重他们之前的哪种工作经验呢：（a）一份正式的有偿工作（哪怕这份工作与应聘者所学专业不直接相关），这份工作给人一种“现实生活”的工作经验，还是（b）一份无偿的实习工作，但实习工作与应聘者所学专业直接相关，表明该应聘者愿意为了获得相关经验而努力工作？

70%的雇主们选择了（b）项，也就是可能会“努力工作”的那位应聘者。

“如果你才25岁，我不会看你的工作经验。”Pac Team集团的埃里克·札克曼说道，“你并没有太多经验。我只关心你的聪明才智，对工作的激情、专业性，对细节的关注，对工作的严肃态度，以及你是否愿意成为公司的一员。”

来自史蒂夫·乔布斯（美国苹果公司联合创办人及前行政总裁）的一份聘用书

在NeXT公司（乔布斯于1985年离开苹果公司后创办的一家公司）花了3个多月面试了大概60个人后，乔布斯给了BJ·加拉格尔一份聘用书。

加拉格尔是一位社会学家和作家，他申请的工作是NeXT公司行政人员发展项目的主管职位。但在最后一场面试中，乔布斯给了她“招聘主管”的职位——但她对此领域一无所知。

“我问他：‘你为何要聘用一位在这个领域毫无经验的人？’他说：‘我们会培训和扶持人才，相信他们会做好。我们会将能够胜任工作的员工挑选出来。’”

如果她并没有这个岗位所需要的经验或者知识，那么雇主如此渴求的是她身上的什么特质呢？答案是一个人的魅力、热情以及激情。

加拉格尔并不是第一次遇到这种情况。在她之前的职业生涯里，她申请了南加州大学的培训和组织发展主管的职位。她在这个特定领域其实没有经验，之前只在继续教育领域工作过。即便如此，她得到了这份工作。

后来，雇用加拉格尔的副校长助理告诉了她当初决定雇用她的原因。这位助理告诉他的领导：“这个应聘者对于培训工作一无所知，但是她一定能够照亮整个屋子。”于是他们不得不雇用了她。

同时，她非常热爱这所大学，也很了解大学里的事情是怎样运作的。访谈结束后，她对我说了“他（指当初雇用她的副校长助理）爱上了我的学习热情”以及其他的话。她的上司教会了她工作中必须学习的东西。三年以后，“我们成就了一个很棒的团队”。

“非常适合”

这个词组是什么意思，你究竟想适合什么东西?

“适合”这个概念很难解释，雇主们也很难说得清楚。但他们很清楚自己看到的东西是否“适合”。

他们在你的邮件、信件和简历里不断地监测让你成为这种“适合”人选的东西。他们在听你打电话闲聊或者和你面对面坐着时，时刻保持着警觉状态。他们从你对问题的处理、你的言行和你如何对待他人等，我们之前已经提到的方方面面中寻找线索。我们会在后几章讲更多关于这方面的内容。

他们很可能并不是在那里自言自语：“现在，我怀疑她是否适合我们这个岗位?”虽然有一些雇主已经形成了一整套面试体系，该体系的基础则是能够体现他们公司文化的价值观，我稍后会向你们展示一些例子。

为了说明你是否是一个“适合来公司工作的人”，他们会思考：“如果让这个人来我的公司工作，会是怎样的情形?”

User Testing. com 这家服务类公司专门测试其他企业的网页的可用性。这家公司的首席执行官达雷尔·贝纳塔提到，对于他们公司来讲，一个人若是表现不友好或几乎不微笑，就会被认为“不适合来这里工作”。“我们一起共事时，也需要一些乐趣。”

有一位叫作提姆·桑德斯的雇主，他考虑的其中一个因素就是你是否有亲和力。在他的作品《好感度》（*The Likeability Factor*）一书中就提到了“好感”的四个方面：

1. 友好。当我见到你时，你让我感觉舒服吗？让我觉得自己受欢迎吗？有没有微笑？热情吗?

2. 相关性。你能否很好地将事物与我想要的或者我需要的东西相互联系?你是否会分享与我有关的信息?

3. 感同身受。你是否能感受到我正在经历的事情，或者有什么激励了我?

4. 做真实的自己。你展示出自己真实的一面，还是你一直忙着取悦我?

你将有机会提高这四个方面的水平。在后面几章里，你会更详细地学习这些内容。

“快速就业专家”（*Express Employment Professionals*）这家公司于 2011 年对美国和加拿大的 17 000 位客户做了调查，调查发现一半的受访者认为“招聘员工和填补职位空缺”这件事的难度介于“有点难”至“非常难”之间。困难的原因并非由于“缺少有资质的人”。“就业市场里有很多人才。”这家公司提到，“找到各方面都很适合这个岗位和公司发展的员工则是一项很大的挑战。”

Accountemps 这家致力于提供会计和金融服务的公司于 2012 年 1 月对多家公司的 1 400 多位高管进行了问卷调查，其中有 79%的首席财务官认为员工的幽默感对于融入企业文化有着非常重要的作用。

VonChurch 这家公司位于旧金山，专门为数字娱乐行业招聘员工。公司设置了“评估委员会”，帮助公司决定一个人是否适合公司文化。这个由其他雇员组成的委员会将要提出很多问题，包括“和这个人交谈是否愉快”以及“这个人对你有没有吸引力”。

委员会甚至有一本专门的“价值”小册子，上面描述了这家公司想要从雇员身上找到的品质。根据这本册子的说法，这些价值的目的是“让 VonChurch 一直是一个能够让员工愉快工作并充满创意的地方”。册子上描述的价值“并不是写在铜质牌匾上的标语或者有关人员管理的套话，而是为我们公司量身定做的、切乎实际的规章制度”。公司的每一个决定，包括招聘，都要以此价值为基础。

VonChurch 的首席执行官亚历克斯·丘吉尔说，在他们公司里，幽默感是很重要的品质。“在招聘中，我们会拒绝 90%的应聘者。”所以，如果你没有幽默感，在这里工作将很难。

谷歌公司在寻找“谷歌特点”，这是该公司特有的、用来描述一个人文化适应性的词。如果你在谷歌参加面试，面试官就会考虑：“我是否想要和这个人一起工作？这个人是否会让我们的团队更加有趣？如果给这个人足够的自由，他会活跃起来吗？”

在谷歌发展的早期有一种“飞机场测试”。一场面试过后，面试官会问自己：“如果我和这个应聘者同时被困在了机场长达两小时，我们会谈论一些有趣的话题吗？我会从这个人身上学到什么吗？”

你不可能在真空中工作，因为你一整天在和别人交流、互动。因此，迈克尔·兹维克提到，他自己除了考虑这个人是否能够完成这项工作以外，他还会观察可能成为他员工的人，并思考“这个人是否能和老员工一起融洽地工作”。

你还记得那个向埃里克·札克曼吐露关于自身问题诸多细节的那位女应聘者吗？他的结论是，这位女性不适合来工作，因为她之后的工作态度可能有问题。

“当你滔滔不绝地讲述这个世界对你有多么不公时，我就会想，坐在我面前的这位简直就是个‘牢骚鬼奥斯卡’（电视节目《芝麻街》里的提线木偶角色）。我需要能够积累的工作经验，提高工作环境，并且能够带给我们正能量的员工。”

而且，对于札克曼来说，那位女性应聘者的行为预示了她和别人会如何相处。“我只能想象她在这里工作会是什么表现，她似乎是那种小题大做的人。”

那么你试图融人进什么呢？文化，一家公司遵从的特定的价值观，他们的做事方式。对文化进行清晰的描述很难，但是雇主们确实能够看到你是否融入了公司的文化。

“我需要能够看到，我的员工能够与其他同事和睦相处，同时高效地完成他或她的工作。”

——赫克托·巴雷西，一家跨国制造企业的市场部及工程部副董事长。

这是不是要求太多了?

想想与你共事的那些人，为你工作的人或者让你发狂的人。

他们做了什么？或者没有做什么？

无法遵守简单的要求？不知道如何有技巧地应对顾客、客户、同事和上级领导？他们是不是无法讨论难题或者细心听取建设性的反馈？他们是否仅仅按时到岗，完成工作最低要求，牢骚满腹，指责周围每一个人，对每一件小事都反应过激，并且不服从上司安排。他们是否很少——哪怕一次也好——承担领导者的角色？

这些都是雇主们绝对不想雇佣的人。他们也在试图弄清你会是什么样的员工。他们会根据你在面试前后以及面试过程中的表现来进行判断。

想象一下，如果你自己拥有一家公司或者你在一家公司负责招聘工作，你也会考虑应聘者的这些细节对不对？请回到我在 18 页所列出的“雇主们正在寻找这样的员工”清单。你也在寻找拥有这些特质的员工是吧？相信一定如此。

考虑到这些，如果你想要被聘用，难道就不该去想一想雇主们所思考的东西吗？

小测试：你会雇用你自己吗？

为了做这个测试，你需要：

·调整心态，这会让你用开放和诚实的心态面对自己，使自己不带任何偏见，对自己诚实。

·寻找一个安静的测试场所，以免被打扰。

·准备一支钢笔或铅笔。

·可以写字的纸。

回想你参加的最近五次面试，以及你在面试前后和面试过程中做了什么。然后，回答下面的问题：

1. 为了表现你良好的判断力，你是怎么做的？你的表现可能会让人感觉你的判断力不佳？

2. 为了表现出你乐于接受别人的反馈、思想灵活、工作中很好相处、愿意学习和进步等特质，你是如何做的？你所做的哪些事情可能让别人以为你心胸狭窄，或者不愿意接受别人的反馈？

3. 为了表明你对于能够成为这个行业和这家公司的一员很感兴趣，并且愿意与之共同进步，你是怎么做的？你所做的什么事情可能会让人觉得你只是迫切需要一份工作或者需要拿薪水，或者你还在等待更好的工作？

4. 为了表明你能够很好地按上级的要求做事，你怎么做的？你的哪些表现可能会让雇主觉得你并不能按他的要求做事？

5. 为了表明你毫无疑问地想要这份工作，你如何让雇主信服？你的哪些表现可能会让人觉得你其实并不在意这份工作，缺少动力和进取心？

6. 从你的邮件、对话以及对工作的跟进过程中，如何证明你拥有必需的（或者潜在的）工作技能？你的哪些表现可能会让雇主觉得你并没有必需的（或者潜在的）工作技能？

7. 你如何证明你有积极的、“我能做”的态度？你的哪些表现可能会让自己看起来很消极？

8. 你如何表现出自己积极主动的办事态度？你的哪些表现可能给人一种不够积极，甚至对任何事情都“不闻不问”的印象？

9. 你如何表现出自己很有创造力、思路新颖或者是个问题解决能手？你所做的什么事情可能让雇主觉得你并没有创新的思想？

10. 你会如何向雇主展现出你能够和他人很好地共事？你的哪些表现可能让雇主觉得你亲和力不够，或者你不能很好地和别人相处？

11. 你如何展现出自己关注工作细节并且能够高质量地、专业地完成工作？

你的哪些表现可能让雇主觉得你做不好工作，或者做得不专业？

12. 你如何展现出自己的领导力或领导潜能？你的哪些表现可能让雇主觉得你不是领导者这块料？

13. 你如何展现出你对这个工作机会充满了热情，并且值得他们为培训你而投资？你的表现可能让雇主觉得你并不严肃，不够关心这份工作，不值得他们花费时间和金钱来培训你？

14. 你如何证明你是位成熟的专业人士？你的表现会让自己看起来不成熟，或者太善于为自己辩护？

15. 你如何表现出自己拥有清晰且批判性的思想？你所做的什么事情可能让自己看起来似乎注意力不集中，沟通能力差，思路不清晰？

雇主们必须清楚地“看到”你很适合他们公司或者他们这个行业。如果你是雇主，根据你写下的答案，你会雇用自己吗？或者你的行为会让你自己心存疑虑吗？

那里真的有工作

我不会拿出一些有关就业或者失业的数据。谁知道从我开始写这本书一直到你读这本书的这段时间内，这些数据又发生了什么变化呢。我只能说：数据是会浮动的。

但我们的确需要谈谈这样的问题：你究竟会告诉自己现在缺乏工作岗位还是工作岗位充足，以及你对此的看法。因为这也会影响你的言行，以及你在求职过程中的表现。

很多人求职一番后都会说“现在没什么空岗位”或者“没有公司在招人”。新闻媒体总在报道毫无用处的就业负面消息，而你又很难不受这类信息的影响。一旦你的心里想着这些，你就会表现得绝望、漠不关心或者很不耐烦。在你发送了 100 份简历但依然没得到任何回复时，你可能直接得到“外面根本没有工作岗位”的结论。

但事实并非如此。

过去 5 年里产生了数以百万计的新工作，以及数以百万计的岗位空缺。求职网页、公司网页以及一些专业的出版物上都发布了不少求职信息。某些岗位则没有面向社会公开。就目前来讲，一些岗位只存在于企业家或者管理团队的心里，他们可能即将发布一些新的产品或服务、辞掉某人或者开始一项新的工作任务。

他们只是还没有将这些计划正式公开而已。

从 2007 年末开始（也就是经济危机来袭，大面积的公司开始破产或亏损的时候）到我写这段话的时候，很多企业已经创造了新的产品和服务要交付给客户，企业也在成长，当然也就有了招聘需求。

对于“工作机会到哪儿去了”和“什么能助力经济恢复”这两个问题也是众说纷纭。一些人认为小型企业和它们的企业家会推动经济恢复，而另一些人则认为在全国或者全球拥有成千上万名员工的大型企业才是推动经济恢复的主要动力。

但是由俄亥俄州立大学费舍尔商学院和通用电气资本公司于 2011 年进行的调查却得出不同的结论。《使美国前进的市场》这份报告显示，招聘员工的实际中坚力量是中型企业，最近几年它们带来了约 200 万个新的工作岗位。

中型市场企业每年的营收总额在 1 000 万~10 亿美元之间。它们都是什么类型的企业呢？这些企业无处不在——工厂、建筑公司、各种规模和结构的专业服务公司，几乎覆盖了各行各业。

这些企业的所有制形式也多种多样：公开交易型、私有型、家庭私有型、合伙以及独资经营型。它们各自对应专门的市场。有一些企业正在转变中，从小企业或者刚成立的企业逐渐变成更大的企业。

全球约有 20 万个中型企业，占所有企业总数的 3%。它们贡献了 34%的个人就业率，即大概 4 100 万个岗位。

这些公司往往是你开车经过一段从未经过的街道时所看到的。你看到一个叫作“快乐鸡场”的地方，你会觉得“从来没听过这个名字”（快乐鸡场是一家位于俄亥俄州 Urbancrest 小镇上的中等规模家庭私有制企业，专门生产鸡蛋和奶制品，独自运营小规模的餐厅、超市、学校、面包房等。该企业创始于 1953 年）。

或者当你开车经过犹他州的奥瑞姆市时，你会看到一栋楼的侧面有一个很有意思的圆形橙色标志，你会想：“这是做什么的公司？”

这是一家名为“鱼缸”的中等规模私有制公司，它们为 Quickbooks（目前很流行的小型商务财务软件）用户提供仓储控制软件。各行各业都在繁荣发展，谁能想到如今公司的服务范围会如此多样呢。

此类公司如此之多，但我们却不曾经常听人们提起“中型市场”这一概念。

与此同时，临时的工作机会大幅增加，制造业不断升温。汽车行业就是典型例子。在 2012 年 1 月 25 日发行的《今日美国》杂志里，有一篇文章这样写道：

“根据汽车研究中心的调查显示，全美所有的汽车制造公司和汽车部件生产公司的总岗位数今年将增加 10%，即今年一共会有 65 万个岗位。到 2015 年，这个数字会达到 756 800。”

根据 2011 年德勤咨询公司和美国制造业协会发起的主题为“沸点”的问卷调查显示，全美有 60 万个技术制造岗位空缺。来自各制造公司的 1 100 位管理人员接受了调查，结果显示有 67%的制造商“比较缺乏”或者“非常缺乏”有资质的员工。56%的制造商预计在接下来的 3~5 年里，这个员工缺口还会加大。招聘人员提到，申请这些岗位的人大多资质不够；除了必需的技术以外，他们还缺乏必要的认知技能——分析处理能力以及理解新数据和新思想的能力。

谷歌的一位高级管理者告诉我，这家公司目前有 32 000 名员工，而在 2011 年它们进行了史上最多产的一次招聘——聘用人数超过了 7 000 名。

他们提供的很多工作可能并不适合你，但是也不一定。就业市场上有足够的工作岗位是一个可以肯定的事实。本书并不是告诉你工作在哪里，而是关于你该怎么做才能让你发现的公司聘用你。另外，对于你能胜任或者已经申请并参加过面试的工作，如果最终你还是没有被聘用，那么问题可能出在你给雇主留下的印象。你完全能够改善这一点。

“我所寻求的员工应该是很有趣的人，愿意就我们公司或同行业其他公司的某些方面与我交换意见……我希望与这样的员工共事。当我遇到这样的员工时，我的工作就会很轻松愉快。”

——比尔·克林是美国公共媒体集团的创始人和名誉董事长，它曾这样描述招聘过程中他所寻求的人才。(《纽约时报》，2012 年 1 月 15 日版)

平静地接受人们自身的立场

你需要工作，雇主们也需要员工。正如杰克·梅耶尔所讲的，如果你想要被聘用，“你就需要达到雇主们对你的期望”。

我们无法了解每一位雇主具体的期望是什么。但我们已了解到雇主们在招聘过程中想要看到什么样的应聘者，以及雇主们如何能看出应聘者是不是这块料。

讨论“雇主们是否‘应该’基于你的表现来评价你”这个话题是徒劳的，所以我们不会讨论这个话题。雇主也是人，也会做出大部分人会做的事情：他们会凭借自己的经历和所看到的和所感觉到的东西，来对别人的表现进行深入观察和评判。不管你喜不喜欢，事实就是如此。

一般来讲，要想求职成功并拥有成功而顺利的人生，关键在于从人们自身的立场出发，而不是从你所认为的他们应该持有的立场出发。这就是“他们”的立场。他们相信你看起来是什么样，你就是什么样。如果你想要被公司录用，你就需要仔细想想这一点。

对于这一点，你能做些什么呢？我们接下来就谈一谈吧。

第二章

讲述和展现

人们始终跟我说他们“确实是”怎样的人，但显然他们的表现却不是这样。

“我很专注。我擅长与人交流，我很清楚自己想要什么。”一位年轻人在我们会面时这么跟我说道。

所以我问他：“你在寻找什么样的工作？”他回答：“我应该是想在一家公司找一个坐办公室的工作，或者类似的工作。”

你们告诉我，这位应聘者听起来像是一个专注的、擅长交流的、很明确自己要什么的人吗？

然而他一遍又一遍地强调：“我真的很擅长交流。我确实明白自己所需要的东西。”

我看过很多简历和邮件，上面明确地写着这样的文字：“我会一丝不苟地工作，我非常专业，非常注重细节。”而这些应聘者却发来了满是笔误或拼写错误的邮件，表现出完全相反的一面。

我听到不少求职者用“很擅长沟通，懂得沟通策略”（“沟通”是他们所申请工作的核心要求）来形容自己。但在面试过程中，他们甚至无法阐述出在之前的工作中是如何充分发挥这一优势的。

他们一再强调：“但是我真的很有战略思维，很擅长沟通。”

抱歉，我感觉不到。

正如我们在第一章里讲过的，你看起来是什么样，你就是什么样。所以问题来了：你想让自己看起来是什么样呢？你如何用文字以外的方法表现出来？你如何确保你给人留下了与简历中描述相同的印象？

在你联系雇主或者进行另外一场面试之前，你一定、必须、务必（我讲清楚了吗？）要回答这些问题。因为如果你不能精准地决定你想要给别人的印象，以及你想让别人看到自己的哪些特质，他们就会评判你。你难道不想自己决定事情的发展吗？

为了给人一种积极向上的印象，并促使雇主们愿意为你安排初试以及复试，一直到最终雇用你，你不仅需要告诉他们你是谁，还要向他们展示自己。你描述自己的文字必须要符合你实际表现出来的情况。

问题是，几乎没多少人知道应该如何描述自己。你能做到吗？你现在就告诉我，你想要在雇主面前呈现出什么样子，你可以吗？你无法回答。如果你自己都不知道你怎么呈现？你做不到。

寻找精确的语言来形容你自己以及你想要给别人留下什么印象，需要花费时间和精力。但每个人都在忙着思考他们从小屁孩开始到现在至少听过一万亿次的问题："你长大了想要做什么？"他们几乎不会思考我提出的问题。

除非你和类似乔治·华盛顿的人（他会四处跟人们说："我希望我将拥有足够的坚定和美德，借以保持所有称号中我认为最值得羡慕的称号：一个诚实的人。"）一起长大，否则我会怀疑你无所事事的时候也不会想到上面那个问题。这是一件很让人遗憾的事情。因为你对这个问题的解答将在很大程度上帮助你求职，助力你的职业生涯。

但请别担心，你一定会达到我的要求。我在本章节给你的练习将帮助你仔细考虑这些内容。在这一章，你将要探究一些问题，这些问题会帮助你认清自己想要在工作中成为什么样的员工，在办公室里中展现出什么个性，想要别人带着什么样的感受来看你，以及你希望别人从个人和工作两个方面对自己有怎样的看法，了解自己的哪些长处。

这些信息在接下来的几章里非常有用。但现在需要明确你希望雇主们以什么样的眼光来看你，然后牢牢地记住这个答案。

然后你才能谈论、展示并强化你的价值观、态度和技能（并且此时你才能清楚地意识到自己何时偏离了轨道，因为你在压力下工作就很容易偏离）。我并不关心你走得有多快，因为顶着压力工作，你就很难静下心来平稳地走。

也许你一直关注细节，遵守工作纪律。但有了压力的一瞬间，你可能就"砰"的一下崩溃了，就是这么快。

还记得第一章里那位在面试前就不断把事情搞砸的年轻人吗？他发给雇主的写作样本里充满了笔误，然后却解释说他当时放下了手里的工作，并立即发来了这些样本，结果不慎发送了他一开始打的草稿，给人留下了草率而不专业的印象。他强调他其实不是那样的人，并因为雇主批评了他而有些生气。但他的表现证明了他就是那样的人。

所以，首先我们要非常清楚地定义：你想要别人怎么看你。

本章的第二个练习将帮助你仔细思考“你怎样能展现出真实的你”这个问题。正如我刚才借用几个例子所表明的观点一样：仅仅利用文字是远远不够的。你既要讲述，也要展现出来。

这些练习将助你思考这两个问题：

1. 你想要给雇主留下什么印象？

2. 你会告诉未来的雇主你是什么样的人，使他们以特定的眼光看待你——然后一定要向他们展现出来你确实是这个样子，所以你不能光是嘴上说说。

未来的雇主正在试图拒绝你——而且他们动作很快

他们并非故意，但他们禁不住要这样做。

就好像去商店买牛仔裤一样。当你草草扫了一眼足以叠成三尺高的一堆牛仔裤时，你只需花上几秒钟就能排除掉那些不够吸引你的或者无论如何你就是不喜欢的款式。紧身牛仔裤？不要。顶部双排扣？穿起来和脱起来都太麻烦。有后兜？谁会喜欢后面多加一层呢。低腰？讨厌一坐下来就露出一圈肚子。所以现在你已经发现并排除了有问题的裤子。从剩下的裤子里再选择就简单多了，是吧？

雇主的心理也差不多如此。他们在你身上寻找着容易发现的“问题”，然后立刻淘汰你，这样简化了他们的工作，并尽可能在招聘过程中保持高效。

他们也只是人而已。他们做着大多数人都做的事情——关注负面信息。在心理学上，这叫作“选择性负性关注”。

另外，雇主们能收到非常多的简历。根据贝新联合公司（Bersin & Associates）于2011年发布的《人才招聘概况》，每家公司每个空缺的初级岗位或以小时计薪的岗位都能平均收到144份应聘申请，每个需要专业水平的高级岗位能收到89份应聘申请。

所以，如果他们根据你的简历来决定是否要面试你，他们就不会花费太多时间和精力在你身上，而且很快就能决定要不要给你面试机会。

实际上，“凯业必达”招聘网（Careerbuilder. com）于2011年进行的调查显示72%的人力资源部经理不到两分钟能审查完一份应聘申请，而55%的招聘经理不到两分钟就能看完一份简历。

一位雇主或许不会故意想方设法淘汰你（而且还这么快），但他们会趋向于看到你身上“不够完美”的方面，接着就决定你出局了。

在下面三个关键时刻，你将有机会进行讲述和展示：

1. 面试前——当你第一次联系雇主或者回复一项调查时；
2. 面试中——当你坐在有可能成为你上司的人或者人事部经理面前时；
3. 面试后——当你跟进面试结果时。

别忘了，你在社交媒体上的动态更加丰富，包括你写的博客和你在其他网站上留下的评论，这些都在创造和强化你的形象。我们将在第三章更详细地阐述这方面内容。

所以，你想要展现出什么形象？我们自己来寻找答案吧，别把决定权留给“他们”。

“当你离开后别人会记住你什么”原则

你可能还记得2011年奥斯卡金像奖典礼上，获得“最佳女配角”殊荣的女主角梅丽莎·里奥来到领奖台上便开始废话连篇：“哦，我的天哪、我的上帝，哦，哇哦！这实在是、实在是、非常、非常、非常的……哇哦……嗯，是的，我有些无话可说了，我的上帝……”接着，她说出了那个以“F”开头的不雅词汇。

我认为她是一位好演员，但知名度尚未达到“家喻户晓”的程度。在颁奖典礼过后，我担心里奥的这次获奖演说会使得她以“在奥斯卡颁奖礼上骂脏话的女演员”这样的身份被人们所牢记。

“当你离开后别人会记住你什么”原则在这个例子里起到了明显的作用。这些事情会始终被人们牢记在心。

劳拉·奥尔西尼是凤凰城的一位编辑兼作者，她告诉我，她在某次参加商界女性的会议时，听一位演讲者将自己形容成一个“企业的皮条客”。接着，这位演讲者做了补充说明：“当然，我绝不会用这个词来形容一屋子的银行家。”这使得奥尔西尼感到奇怪：“我不明白，为什么她会觉得对着这么多职业女性说出那个词是没问题的？皮条客是个丑陋的词……通常表示男性玷污女性……来赚钱。我本来有可能会和她共事，但我现在决定不那么做。我也将这件事告诉了不少人，他们对此都同样感到厌恶。”

她是不是反应过激了？这不要紧，反正伤害已经造成了。

她说，她永远也忘不了这个女演讲者以及这件事情。这件事对于演讲者来讲不是一段内容积极的回忆，这很不幸。在未来，她也一定不会和下面的听众有太多的业务往来。

记住：当你离开之后，你留给别人的印象不一定非得是负面的。这完全基于你的表现。

“当我离开之后我想要给人们留下怎样的印象”练习

你需要准备的东西：

· 一杯好茶

· 你最喜欢的钢笔或铅笔

· 几张白纸

· 这本书，一会用到接下来的几页

· 一个能让你远离所有电子设备的地方

· 足够多的安静时间，以让你思考、书写和集中精神

回答下列问题，这些问题可能会重复或答案相同。没关系，继续作答就可以了。

我在思考我的工作和职业生涯，以及我在工作场所应如何工作：

1. 我想要展现出什么样的品质？

比如，我想让人们觉得我拥有这些特质（或者觉得我是这样的人）：

□成熟

□专业

□对工作的热情

□乐观态度

□冒险精神

□工作动力

□学习能力强

□有创新能力

□有想象力

□诚实
□正直
□勇敢
□能遵守工作纪律
□有决心
□执着
□有创造力
□愿意学习
□有亲和力，易于沟通
□思想开明
□负责
□灵活
□想要不断进步
□易于合作
□关注细节
□有正确的直觉
□谦虚
□礼貌
□有竞争意识
□有团队意识
□能够感同身受
□有足够的资源
□关注预算
□关注工作的截止日期
□关注结果
□有良心
□响应及时
□有个人魅力
□机智
□紧跟时代潮流
□有趣

□能考虑大局

□既有理念，又能立足实际

2. 我想要向他人传递出什么样的信念和态度？我的立场是什么？我的指导原则是什么？我的座右铭是什么？

比如：

□我的工作是我个人能力的体现

□我对个人价值观的形成以及目标达成负责

□在我的职业生涯里，与人相处是最重要的部分

□我绝不推卸责任

□我一定能完成工作，你可以信赖我

□我喜欢不断进步的电子技术

□我对动画非常感兴趣

□我会将自己宣传的东西付诸实践

□我会从错误中吸取教训

□顾客永远是正确的

□创新对于一个行业的发展非常重要

□我会及时回复每一个电话和每一封邮件

□重要的不是你说了什么，而是你的说话方式

□我想帮助我的公司盈利

□我代表雇主的形象

□我擅长解决问题

□我希望在工作中寻找乐趣

□我乐于接受别人的批评指正

□少说大话，多做实事

□我想改善他人的生活

□我想在工作中表现得更加出色

□工作娱乐两不误

3. 当我出现在大家面前时，我想让他们有这种感觉：

比如：

□受到了尊敬

□能够被理解

□受到激励

□受到启发

□充满力量

□有人倾听自己的声音

□明确我的动机和导向

□被器重

□是团队的重要一员

□可以犯错误

4. 我想要如何处理问题、人际关系和机会？

比如：

□对他人保持敏感

□有一定政治敏锐度

□热情

□对知识有探索欲

□能够仔细分析

□谨慎

□态度开明

□公平

□谦虚

□自信

□举止得体

当我思考我实际在做的工作时：

1. 我能提供的最强技能（优势）和天赋是什么？

下面给出的都是动词，即你正在做的事情。你喜欢做这些事情，并且能够比其他任何事都做得好。这些就是你的优势。

比如，下面有哪些是你擅长做的事？

□写作

□用精准的语言来沟通

□领导他人

□分析

☐研究

☐系统地解决问题

☐建立信任关系

☐培训

☐展示

☐信息概念化以及概念解释

☐写代码

☐制作演出服装和道具

☐教导

☐组织和计划项目、预算和资源

☐在关键决策制定者和客户之间扮演联络员的角色

☐计划、协调和组织

☐解决问题

☐预见能力

☐管理能力

2. 我能向一个岗位或者雇主提供什么知识?

你从多年的工作中积累的重要经验和信息会使你更加专业；如果你刚刚走出校园，那么你所提供的知识就是你所了解的各种学科和掌握的理论。

比如：

☐JavaScript 软件企业版（一种程序语言）以及 SaaS（软件即服务）平台的使用知识

☐医院运营

☐美食烹饪

☐网络安全

☐网站分析

☐动物饲养

☐高级制造和材料

☐客户端和网络技术

☐咨询式销售

☐无人航空系统

☐音乐理论、声乐指导以及音乐教育
☐应急政策制定和后勤工作
☐编辑和校对
☐项目管理
☐社交媒体
☐建筑规范
☐物业管理
☐零售店设计
☐发展捐助关系，进行集资
☐教室管理，课程安排
☐投资行为，购买模式
☐国税局的规章制度
☐撰写预案
☐地点搜查
☐版画复制，丝网印制
☐销售管理
☐外包管理
☐景观美化材料，以及材料的组装
☐媒体关系，数字媒体市场
☐小型企业运营
☐马匹饲养
☐财务规划，投资策略
☐做市场，定价和配货
☐顾客行为
☐流程优化
☐客户服务
☐矛盾处理
☐建筑设计
☐地理空间信息系统
☐商业发展
☐消费品包装

□统计学

□风险评估

3. 我能向雇主提供什么经验？

描述自己所具备经验的行业或者专业领域。

比如：

□广告

□政府工作

□运输

□航空

□艺术

□生物技术

□远程通信

□医疗保健

□信息技术

□中等教育

□行政服务和支持

□市场调查

□金融

□制造业运营

□公共关系

□房地产

□零售

□技术支持和服务

□人力资源

□工程

□法律

□消费品

□非营利

现在我们回到这个问题：在面试结束后，你想要人们如何看待你，记住你的什么特质？

总结“我想给人留下什么印象”

在这个练习里，你已经核对并勾选了多个项目。请查看你的选项，并挑选出你认为最重要、最有意义、最能贴切形容你自己的词。然后把这些词写一段简单的话，总结一下“我想给人留下什么印象”。

下面是一些你可以使用的例子。

我希望给人留下的印象是……

□一位在信息技术领域经验丰富、备受敬重、有热情的领导者

……并且拥有这些技能：

□与他人建立信任关系

□对没有技术基础的员工进行培训，使他们能理解操作流程

□解决工作过程中的问题

□在客户发现问题之前对客户的需求进行预测

……并且拥有这样的名声：

□是一位有创意的思想者并愿意冒险

□是一位充满爱心的良师

□愿意做第一个吃螃蟹的人

□非常有职业道德的专业人士

……不害怕犯错误。

我希望给人留下的印象是……

□一位充满智慧的战略家，在市场和社交媒体领域有丰富的工作经验

……并且拥有这些技能：

□将不同的信息整合成有意义的数据

□研究全球竞争现状

□撰写清晰精准的报告

……因为下面这些特质而被同事们所熟知：

□有正确的直觉，并且是一位能感同身受的聆听者

□值得信赖

□明白如何同棘手的客户打交道

□对于能带来有用信息的技术始终保持不倦的好奇心

□非常热衷推出新产品

我希望给人留下的印象是……

□充满智慧、崭露头角的经济学家，运用自己所学的知识去探究如何促进经济增长和提高人民生活水平

……有着下面的优势：

□分析和解决复杂的问题，比如与收益能力、经济模型和经济预测有关的经济计划

□运用数学模型

□有效地传达经济理论和产出

□研究商业周期和历史数据

……因为下面这些特质而被同事们所熟知：

□有领导力

□该工作时努力工作，该玩时好好放松

□从不放弃

□热衷研究经济思想和方法论

现在你可能会说：“这个练习强调了很多次‘你是什么样的人’这类问题。但为什么不提到我是如此辛苦才拿到学历的呢？毕竟我还要再花 10 年时间才能还完带息助学贷款，似乎我的实际经验比其他东西更加重要。”

你的学历和其他东西固然重要。正如我之前说的（也是你能总结出来的），你的专业技能、知识和经验也都必不可少。你当然可以将它们全部展示出来，而且一定有非常多的机会让你展示。

但请让我提醒你一下我们在第一章里讨论过的一些东西：你可能拥有所有“正确的”经验、技能和知识，但因为你看起来似乎跟简历所描述的不一样，所以你没有通过电话筛选或者第一轮面试。简历上的你看起来可能很优秀，但真人看起来却像一只好斗的蟾蜍，或者与企业文化格格不入。

下面是一个典型的例子。

亚历克斯·丘吉尔非常清楚一点，对于每一位为自己的公司或客户的公司雇佣的人来说，他究竟想要在他们身上看到什么品质。他帮助过 Rockstar 游戏公司、Adobe 以及微软雇用了各种人才，比如 Flash 工程师（他们利用网页 Flash 技术来加入互动、动画和视频元素）、首席技术执行官、环保艺术家和货币专家等。

当他在审视一位应聘者时，他会先考虑教育背景。正如他所说，教育背景是敲门砖。

“我们假定拥有斯坦福大学或者卡内基梅隆大学信息技术学位的人会展现出非常优秀的教育水平和知识深度。”他说道。然而他的客户——那些走在技术前沿、以创新而自豪的公司——却不会只去寻找只拥有信息技术学位的人。

如果你和其他人一样都拥有同样的教育背景，那么你通过什么来脱颖而出呢？你的价值观和个性将会决定你如何工作和思考，以及为公司做贡献。在这个行业里，雇主们在寻找这样的员工：他们富有冒险精神，愿意承担风险，不害怕失败，愿意做第一个吃螃蟹的人，热衷于公司所从事的行业。

假如说雇主考虑用你，让你在一个民间音乐培训机构里担任工程师，而你也许拿到了斯坦福大学的信息技术学位，非常了解前端和后端技术。“但是除非你特别爱音乐，并且能够连续谈论 60 分钟讨论一些音乐话题，否则不管你的编程技术多么高超，你绝对不会被录用。”丘吉尔说道。

他自己的公司有一个专门负责雇用社交网络游戏领域人才的部门。他们非常信赖“社交网络策略”。正如丘吉尔所指出的：“我们的价值观之一是始终保持创新意识。”

如果人们不展示出他们有创意或者思想不断进步的一面，那么他们的面试之路就不会很平坦。丘吉尔曾面试了这样一位求职者，他在本行业拥有非常丰富的工作经验，他的简历能被评为“业内最好的简历之一”。但这个人“看不到社交和将多个社区整合到一起能给他带来的好处，这些都超出了他的理解力。他不够创新，无法接受最新的战略计划，不能让事情往好的方向发展。当我和他聊到这些话题时，他看着我的样子好像我是火星人一样。”

“我们反复做的事情造就了我们。”

——肖恩·柯维，《杰出青少年的七个习惯》的作者。

另外，公司也会很快看出你是否有正确的价值观。第一章里提到了旧金山市的 Yammer 软件公司，它们就有一条重要的价值取向：“员工们可以就公司决策提出自己的观点，分享自己的想法”。招聘主管乔·张说道。

他怎么知道自己在潜在的员工身上看到了这样的价值理念呢？他说他一直具有这种判断能力，“因为整个面试过程中对方会提出很多的问题，他们对于公司及其文化都很好奇。他们会问在 Yammer 工作感觉如何，而不是问薪水如何或者是否有额外津贴。他们最关心自己是否能够为公司带来价值。”

“看吧，这不只是靠说”练习

到目前为止你已经阐释了你想给人留下什么印象，并且你已经形成了“我想给人留下什么印象”的概况 。在这之后，请思考接下来你会说什么，做什么，以此让你的“概况”在下面三个细节上变得鲜活起来。

请记住：你的一切都有可能被别人当作是理所当然的批评对象。

· 你的个人形象——你穿的衣着、打扮，甚至是你的气味。

· 你在实际生活中说话和写字时的措辞，字母的组合，简历的排版，以及你在网上创建的其他文件，甚至是你打印用的纸张。

· 当你进入办公室的那一刻，你对待同事的方式，如何进行语言沟通和他人互动，以及在有干扰的情况下如何表现。

因此，你该如何让别人知道你不只是光会动嘴皮子而已？

1. 当你第一次联系一位雇主或者完成一项跟踪调查时

为了展现你所要留给人们的印象，你在电话上会说什么，邮件会涉及什么内容？你会使用什么样的语言？在你之前的三次工作经历中，是否能总结出一些经验来证明你有很多有创意和想法？

比如说，你非常有必要让雇主明白你有多喜欢技术，以及技术如何改变了你的生活。大多数人会说或者会写下这样的句子：

“我喜欢技术方面的东西，也很喜欢在任何地方都能获取信息的感觉。”

说得不错，但是数以百万计的人都喜欢这些东西，这样说便不能突出你的特点。

如果你想引起别人的注意，为什么不展示出你在生活中利用和探索技术的例子呢？为什么不像下面这段话的作者一样，写出或说出你为什么进行技术探索呢？

我很清楚，在这个岗位上做事的人必须要对技术拥有极大的热情，并能深刻理解技术如何能改变生活，这一点极其重要，我就是这样的人，除了曾经在世界级的软件开发公司工作外，我还很喜欢将技术与我生活的各个方面结合起来。我喜欢跑步，我在跑步和锻炼时利用科技帮我记录我的运动进展和训练详情，以及规划跑步路线。这种科技不仅让跑步变得更加有趣，还使我的锻炼更加有效。

埃里克 · 札克曼指出，如果你和世界上大多数人一样在简历或求职信里用这样的话描述自己："无论是团队工作还是个人工作，我都能完成得很出色"，那么你一定不会被任何一家公司录用。

但如果你说："我注意到你们公司目前正在做某某项目，这和我之前做的某个项目很相似……"或者你指出那个项目和你之前研究的某些东西有何种联系，以及你对这份工作很感兴趣的原因，那么这样的内容就会让札克曼对你也很感兴趣。

这么做不仅可以展现出你有做这份工作的潜质，还能"告诉雇主已经仔细研究了他们的公司以及这个职位"，札克曼说道。它能展现出一些让雇主十分满意的特质：对岗位和行业的积极和热情。

另外，你会对邮件中的哪些细节加以注意，从而证明你在工作中一丝不苟，以及自己具有该工作要求的所有特质？

下面举的例子将展示雇主比尔·斯特劳斯如何在一大堆申请兼职市场主管这一职位的简历和求职信中寻找他们看中的资质。

斯特劳斯是美国辛辛那提市的律师事务所 Strauss & Troy 的董事长，他说他正在寻找"冷冰冰的简历背后令人心动的应聘者"。

在飞往洛杉矶的航班上，他挑选出了 12 位佼佼者，并说道："我想在这些简历中看到他们的创造力和个性。但这些简历却如此千篇一律，我没法在脑海里将它们各自区分开来。"

所以他把这些简历和申请本身看作是一份营销案例。"就好像这些都是他们的工作成果。我仔细看他们是否有笔误、语法问题、书写问题，以及他们的说服技巧，因为他们也在向我推销他们自己。"于是，他开始大面积淘汰这些应聘者。

"根据一些比较明显的错误，我就淘汰了不少人。他们说自己有编辑和校对技能，但简历中的文字却没有对齐。如果有人写求职信时用了自己的名而不是姓，格式也不正式，那么这很不专业。"

他发现如果一位求职者的电子邮箱地址很不专业，那么这个人也会显得很不专业。有语法错误的应聘者会被直接一票否决，还有不正确的单词拼写，比如"tecknical"（应为 technical）和"Cincinnatti"（应为 Cincinnati）。

最优秀的也是最有资格代表公司的应聘者会"给我们寄来一封纸质的信，内容都写在了信纸上，并放进了一个好看的文件夹里。"斯特劳斯说道。

"我明白这些都只是表面功夫，但是会让这个人看起来很在乎她的工作成果。"这一点是这位雇主非常看重的价值。

斯特劳斯还说道："当一个人花费了时间和精力向你发来一封信头处有亲笔签名的信，这个人便会脱颖而，就像你在杂草丛中看到一朵花。"

2. 当你和可能成为你老板的人或者人事处经理相对而坐时

在你的面试过程中，你会分享什么故事或者经历，来强化你在邮件中对自己的描述或者让雇主真正地了解你呢？

比如，你能谈谈之前有什么成就来证明你对这份工作的热情吗？你在工作中、学校里或者别的地方时，处于何种情形会使得你非常渴望进步并做出贡献？

你能否和我们分享，哪些情形下你会充分利用了自身最大优势？你做的什么事情让别人知道你始终清楚该如何应对工作中复杂的情形和敏感话题？还有一个问题也很重要：你在面试中会如何回答这些问题？

下面的例子中，一个求职者在展示多项重要价值取向时把事情搞砸了。她希望展现的形象是：她是一位温文尔雅的专业人士，关注细节，对每个项目都仔细审查，始终能未雨绸缪。

她来参加面试时，衬衣前面少了一颗扣子，于是她放了一枚别针替代。这似乎只是件小事，但在雇主看来，那枚别针就像一根浮肿的手指。当她和另外两位应聘者坐在一起时，那个从她的衬衣里钻出来的小别针已经决定了她不可能被录用。另外一个和她资质相差无几，但着装无可挑剔，所以那位应聘者被最终录用了。

正如你在第一章里所读到的，亚历克斯·丘吉尔始终坚信，招聘并不只是找到一个能够做好这份工作的人。他说："招聘是找到能够延续公司文化的人。我们招聘的员工能够代表我们 VonChurch 公司，所以，应试者必须和我们拥有共同的价值观。"

VonChurch 公司会通过下面的方式来了解你是否认同并秉持公司的价值观。当你来参加面试时，别人会为你提供一个座位和一杯水。"如果你接过这杯水却不说谢谢，那么你的面试将立刻画上失败的句点。"丘吉尔说道。礼貌待人是公司的核心价值观，这也是公司决定是否录用你的第一道门槛。

3. 当你在一场面试后进行跟进时

你将如何强调自己刚才描述过的内容？

你如何向雇主展示自己对这个职位很感兴趣？如何展示自己对这个领域充满

了热情？

比如说，你想要强调自己的研究技能、积极性，以及自己会在别人还没有给你安排任务的情况下主动做事。在面试中，你可以强调自己了解到公司正在考虑推出的新产品，或者某种新服务目前正处于研发阶段。

为何不自己对这些东西进行一下研究呢？有别的公司在研发类似的产品或服务吗？这家公司的竞争者是谁？市场发生了什么变化使得这个产品或服务得以顺利推出？找出这些问题的答案，然后将你发现的相关信息结合起来，和你自己仔细写好的感谢信一起交给公司，甚至还可以加入一些你自己的观点。你通过这些做法就能展示和强化你的工作技能、热情、对工作的兴趣及积极性。

还有一件事……

在做这三件事情的过程中，为了避免向雇主展现出与你想要展现的完全相反的印象，你需要注意不要说什么或者做什么？

你需要确保自己绝对不会讨论某些话题，或者不做某些事情，比如：

“我离开上一家公司的原因是我和我的老板在任何事情上都无法达成一致意见。实际上，当我提出一个可以减少我们部门60%支出的方案后，他把我炒了，真是个十足的傻瓜。他感觉自己受到了挑战，无法忍受我比他聪明。”

你可能会担心这话会传到别人耳朵里。

而事实是，你认为不说出那样的话能防止产生自己不应该有的想法，或做出不该做的事。这个观点来自心理学家西恩·贝洛克，他同时也是《窒息》（Free Press出版社，2010年版）一书的作者。

你一定在想：你试图不要去想一些事情。但你的大脑正在思考两件事情，不要说不该说的，不做不该做的，这种观点引自哈佛大学心理学家丹尼尔·韦格纳的作品。

你可能会有意识地搜索这些不应该有的想法。但在压力之下，你会做出一些无意识的反应。所以，你很可能会不小心突然说出或者做一些自己不该的事情。这确实太让人讨厌了。

为了避免说不应该说的话或者做不该做的事情，贝洛克建议将你的担忧写下来，这样当你面临压力时，你所担忧的事情就不会影响到你。所以我要你写下你说或者做的事情，这样一来，你就算面临压力，也不会感到窒息。

现在，你无可阻挡

恭喜你。你完成了这个困难的任务。

· 你已经思考了自己想要给人留下的印象。

· 你开始探究自己想要告诉雇主什么，使得公司能够依照你的描述来看待你；以及你还需要做什么来展示你确实是这样的人——所以不能光靠说。

现在你已通过了这些练习。别人将很难拒绝你。

对于新手来说，有好几百万其他求职者没有做上面讲到的事情。所以，你一定会脱颖而出。你将集中精力来展现雇主们所寻求的品质（他们怎么会抗拒一位充满热情、细心周到，十分了解自己所学领域并且能与棘手的客户顺利沟通的专业人士呢?），并确保让他们看到这些品质。他们一定会通过积极的方式观察到你的这些品质。

你将与每一位竞争者在上面提到的三个关键点拉开很大的距离——无论是在面试前、面试过程中还是面试后。

在你第一次和雇主联系时，展现出你在简历或者书面材料中描述的你所拥有的技能。最后，雇主们会认为："嗯……她看起来还挺机灵，她好像喜欢我们。她态度不错，联系一下，让她参加电话面试或者现场面试吧。"

在面试过程中，你要准备提出一些问题，这些问题要能展现出你的求知欲，表现出你想要成为比自己更重要的事物的一部分。你要准备好应对面试官的问题，表现出你有这份工作所需要的正确技能和客户需求敏感度。你对待每个人的态度将决定你有多适合这家公司。

最后雇主们会说："我喜欢她。她思想犀利，表达清楚，考虑周到，而且态度积极。我确定她拥有这份工作要求的技能，应该是我们需要的人才。让她参加第二场面试吧。"

你开始思考如何强化自己在之前的面试以及后续情况中给雇主留下的印象。现在，某位雇主会说："嗯，她是这份工作理想人选。她不仅有我们所需要的专业技术，还有良好的态度和正确的价值取向，言行一致，很适合我们公司。我觉得我可以信赖她。"

你将要传达这个信息：*我所说的就是你们看到的，也就是你们可以得到的。*

当你的表现与众不同时，在群体中崭露头角就不是那么难了，而且这是件好事。

这对你好吗？

几年之前我拜访了沃伦·巴菲特（伯克希尔·哈撒韦公司的首席执行官），他是世界上最富有的人之一，也是最成功的投资者之一。当问起他怎么决定是否购买一家企业时，他说："我们收到某人的信函，然后和他私下见面，这次见面会证实和强化我在拿到信函时产生的想法。"然后他说："这次会面确实强化了我一开始的想法吗？"

换句话说，他问自己，我想和面前的这个人共事吗？他将基于自己与那个人之间的经历来做决定。

这和一位雇主为了解读你是否适合公司而采用的方法没有区别。那个人也在问同样的问题：我想和这个人共事或者让他成为我公司的一员吗？和巴菲特一样，这位雇主也基于与你之间的经历来做决定。

所以，这一切都指向了这个问题：

你想让雇主和你之间有怎样的经历，使得公司愿意和你共事？

你的"印象"调节器

当我请客户思考"看吧，这不只是靠说"这个练习的三个问题时，一开始他们都觉得无从下手。我们大多数人都不会静心坐下来用如此精准的语言来描述自己。我们只是简单地进行对话，回答彼此的问题，接着忙手头的工作，从来不想我们"是怎样的人"。

通过思考你所相信、支持以及从事的事情，你现在更加了解自己，更加真切地感受到你所了解的自己，也能在求职过程中的每个环节都感受到真实的自己。

你的"印象"调节器——能帮你确定在任何时候你可以说什么和做什么——现在调节得更加精准了。尤其是在你有压力的情况下，这种调节器显得更加重要。

记住我的话：你现在能够更有意识地选择自己想成为哪种人，并将价值观转化为习惯，而你的习惯决定了事情的发展。

正如圣雄甘地曾经这样很好地阐释过：

信仰决定思想，
思想决定言语，
言语决定行为，
行为决定习惯，

习惯决定价值，
价值决定命运。

现在，你已经知道“想给人留下怎样的印象”，下面让我们来看看你在求职过程中会遇到哪些特定情况。在下一章，我们将关注你应该做什么以及不应该做什么，保证在面试结束后，别人一定会以你希望的方式看待你和记得你。

第三章

你绝对不能做的 15 件事

我们来回顾一下。

你有三次重大机会和一位雇主一同开启“新机遇之门”，并保持其一直敞开。你还记得是哪三次机会吗？没错，就是面试前、面试过程中和面试结束后。

在这三种情况下，有 15 件事情绝不要去做。一旦做了，这扇机遇之门就向你永远关闭了，而且还会猛地在你面前突然关上（通常不会给你任何解释）。当然，除了不要做的禁忌，这里还要讲一下需要做些什么。

一些不要做和要做的事情需要占用更多的篇幅讲解，其中一些是面试前后或者面试过程中会出现的情况；一些则应该说和不能说的话界限不是很明确，但是不用担心，我会在下一章详细讲述你绝不能谈论或者聊起的事情。

无论你现在处于哪一个求职阶段，请将这条重要而普遍的原则铭记于心：

“得到一份工作”并不是面试的目标。

是的，你没看错。你去面试不是为了“得到一份工作”。或者说，如果你想求职成功，那么“得到一份工作”就不应成为你的目标。

我来讲一讲原因。实际的情况是，一个或多个日程满满的人从五场会议和三个项目中挤出时间，将你的面试放在行程表中。雇主请你来面试并不是邀请你来工作，而是提供一次对话的机会。

通过这次机会可以见到你并了解你。了解你如何思考，你似乎是怎样的人，以及发现你是否是一个值得他们花时间了解的人。如果你能激起他们的兴趣，这扇机遇之门其实已经打开了，即使他们只是通过门上一个小裂缝看你。

另外，你可能甚至都不知道自己是否真的需要这份工作。仔细想一下，你怎么会这么快就知道呢？由于没有足够的信息，你需要利用与雇主之间的交流做同样的事：尝试去了解雇主；了解他们如何思考；以及他们看起来是什么样的人。然后发现这份工作究竟适不适合你自己。

即使你已经有较长一段时间没有工作，因为连续几个月没有薪水迫切地需要找一份工作，或者只是一份能够让你摆脱目前困境的工作。若没有真正的对话，你就在别人没有告诉你上班日期之前，鲁莽地问“我什么时候可以来上班?”。然后在几个月之内，你就会回到街头，继续找工作——回到自家电脑前敲键盘四处发送简历——就为了离开你那地狱般的上一家公司。

所以，请将这场对话看作是一次特别的、了解彼此的机会。这看起来似乎只是件小事，但却非常重要。一旦你懂得了这个道理之后，你联系或者回复雇主时就会以更轻松的心态参加面试，也不会有太大的压力，并跟进自己的面试情况。我向你保证这样一来你会关注求职过程中的唯一目标：当你尽你所能展现自己时，你也需要探究这家公司和这个岗位是否真正适合你，以及你是否适合这家公司。

这一点非常重要，之后我们讲的一切内容都将以此为基础。想想看，此时我们应该将这个目标落实到行动上，才能始终记住这个目标。好，那么接下来我就行动起来吧。将下面这句话输入你的电脑或写在一张纸上，并贴在你随时可以看到的地方：

当我在面试中尽我所能展示自己时，我也要分析这家公司和这个岗位是否真正适合我，以及我是否适合这家公司。

明白了？

同样，当你阅读本章节时，请将“我想给人留下怎样的印象”的内容放在手边。

所以，为了达成你的目标，顺利进入求职的下一步，请不要做下面 15 件事。

第一项：不要表现得很无知，或是毫无准备

除非你已对下面三件事情有了详细的了解，我敢保证你做事时会显得很无知，或给人毫无准备的感觉，你也不会带着“探究”的心态尽可能地展现自己：

1. 你所在的公司

2. 你的工作

3. 对自身的了解

我们来假设这样一个情境：你没有工作，正在街上闲逛，此时你遇到一位雇主，他对你说“快联系我”。或者你想主动联系某家公司你从未见过的人。

67 页

如果你并不清楚这家公司做什么，甚至对公司一无所知，那你究竟怎么才能：1）让别人对你有兴趣，并为你安排面试；2）同别人进行一场充满智慧的对话，谈谈公司，谈谈你可以为公司做出什么贡献；3）符合雇主对你“是否胜任这项工作或者其他任何工作”的先入之见？你如何能尽可能地展现自己，同时还确定这家公司和这个岗位都适合你，而你也适合这家公司？没有对公司的详细了解，你做不到以上三点。

需要了解公司的公司信息

· 这家公司专门制造产品还是一家服务提供商？该产品或者服务具体是什么，它有何用处？谁会购买它们，为什么？这个产品或服务能够解决什么问题？

· 公司的总体目标是什么？

· 公司的产品销售量是多少（如果该信息允许公开）？

· 公司文化是什么？

· 公司的竞争者有哪些？

· 谁在运营这家公司，公司总的管理策略是什么？

当我向我的客户提出有关他们意向面试公司的这些问题时，他们所回复内容的85%都是“嗯，我不太确定它们做什么。我觉得他们是在做某件事情，但我不太清楚”。

这种情况让我很想大叫，但我没有。我只是大声地叹气。

当你收到雇主的回信时，你可能由于非常激动而没有考虑清楚，我不希望你是因为懒惰而没有认真思考。无论出于什么原因，如果你在思绪不清晰的状态下主动联系对方，发送一封模棱两可、态度模糊的邮件，你最终肯定会浪费这个机会。比如下面这封邮件：“面试后，我一直在跟进面试的情况。我希望能利用你们公司提供工作的类似机会开启我的职业生涯。”

你可能问我，这话有什么错吗？首先，公司之所以运营并不是为了给你提供开始职业生涯的机会。它们运营是为了制造商品或者提供服务，雇用员工是用来帮助它们达成这个目标。

另外，你有一个大好机会来扼住公司的脖颈（当然是比喻），并展示出你比其他任何人多100倍的职业嗅觉、热情和资质。

如果你并不了解公司相关信息，你可能会说（实际上不少人确实就这么说）："我听说你们公司在招人，我现在没有工作，符合要求。"

你没有工作，符合要求，又能怎样呢？好几百万人也都可以来应聘这个岗位。

这个事实听着很刺耳，但确实如此。

乔治·布拉特现在是行政人员培训咨询公司Prime Genesis的一位常务董事。当他还是Power Information Network公司的首席执行官时，他面试了一位中级经理，并提出了一个很简单的问题："对于我，你都了解什么？"

结果那位经理什么也不知道。

布拉特说，提这个问题的目的在于"了解求职者对工作是否足够积极。我真正的问题是'请向我证明你非常关注这份工作，以及你已经对此做了一些基本的调查和研究。'该应聘者对我一无所知，这很让我担忧，因为这意味着他连我们公司的网站都没有去看，更不可能进行过别的信息调查了。很明显，他缺乏积极性。"

参加面试却不知道公司的运营目标、企业文化、产品或服务，那么当你和雇主坐下来进行面对面交流的时候，你一定会说一些糟糕的话，比如：

"我不太清楚你们是做什么的，但是……"

"你们公司究竟是做什么的呢？"

"我知道你们和病人打交道，我只知道这些。"

"我听说你们是一家很好的公司。"

这些都是在面试时发生的真实对话，并不是我杜撰的。

首席执行官罗伯·巴索说，在"了解他的公司"这个问题上，"很多人准备不充分，达不到我们想要的水平。他们没有仔细研究我们的公司信息、发展历史或者面试他们的人"。

这样的应聘者怎么会吸引他呢？信息落后的人不会有什么好消息。

"这表明他们非常缺乏积极性。"他提到。

你还记得第一章列出的雇主们想要的员工需要具备哪些资历和品质吗？“积极主动”就是清单上的第七项。

巴索说：“那些花时间研究了我们公司信息，并能与我们谈论公司营销活动、品牌效应以及近期新闻的应聘者已经在竞争中脱颖而出了。”

明白了吗？“在竞争中脱颖而出”就是你要达到的目标，而且你完全能够达到这个目标。

关于工作，你需要知道什么

· 这是一份什么工作（如果是一个特定的具体岗位）？

· 做这份工作的员工需要向谁汇报工作进展？

· 这份工作需要解决什么问题？

在面试之前，你可能不清楚这家公司具体有什么职位空缺，或者这家公司可能认为你适合做什么工作。但是，你有没有询问呢？

大多数时候我向客户提出这个问题时，他们都表示并没有这样去做。我无法理解他们为什么不询问这些情况。他们似乎觉得，如果向雇主们问起这些问题，雇主会生气甚至感到愤怒。我问他们：“这些问题有什么值得生气呢？”他们答不上来，因为本来就不值得生气。

我向你保证，提出这些问题非常合理，而且你必须要提，这样才会达到你在简历中所描述的工作目标。

当你对工作和工作职责一无所知时，你就失去了展现自己是公司所需人才的机会。另外，你还会说一些让你显得很无知的话，减少获得聘用的机会。下面是我最近听到的这类例子：

“我觉得没有必要在社交媒体上花一半的时间。”（万一这份工作需要你花半天的时间在社交媒体上呢？）

“我只想找一个白天工作八小时，晚上和周末都不用上班的工作。”（无论何时，说这种话都是很不明智的。这些问题始终都可以稍后再作协商。万一这份工作每个月至少占用你一个晚上呢？如果你在面试中展现得很死板，只关注你自己的需求，你就不会有理想的面试结果。）请回顾“雇主们正在寻找这样的员工”清单（第一章）。灵活性和适应性排在表格中第 13 项。

“我对于环保一类的工作了解不多。”（万一了解和关注环境是这份工作的关键，或者是公司核心价值之一呢？）

最糟糕的事情是，参加面试却不知道你讨论的具体工作是什么。

在Pac Team Group的董事长埃里克·札克曼在面试一位女性求职者的前几分钟，应试者说道："很抱歉，我想问下这是一份什么工作？我参加了太多的面试，您可否告诉我，我面试的岗位是什么？"

"面试就到此结束吧。"札克曼说道。

即使你在电话面试中向面试官或者安排面试的工作人员提出了之前我列出的问题，你可能依然感觉自己其实并不了解这份工作。所以，你至少需要明白你擅长或者喜欢做什么，以及你认为自己在哪些方面能更好地融入一个组织。

你需要了解你自己的哪些内容

·第二章所讲到的你想给人留下怎样的印象，其中包括：

——你最突出的强项和才能

——拥有使你成为某领域专家的大量知识，或者熟悉这份工作需要处理的问题

——对以往工作经验的总结

——重要的品质、性格、态度以及人生观，这些都会帮助你尽早适应新角色。

·你将上述内容成功地运用在过去有偿或无偿工作中的案例。

你就不想说一些有趣的经历，让雇主更有兴趣面试你吗？如果你事先了解了公司和你自己的相关信息，雇主也会有面试你的兴趣。下面将举例说明你第一次和雇主见面时应如何讲述自己的有趣经历（你可以把它记在本子上，或用手机录下来）：

你们在第三世界国家所做的工作让我倍感惊讶。当我还是一名美国和平部队志愿者时，我亲眼看到你们的产品带来了怎样的影响。我十分愿意探索更多有关你们工作目标的信息，发现我在医疗设备领域的知识如何能帮助你们达成这个目标。

这些话比"我听说你们在招人"实在好太多了，是吧？但是如果你没做好功课，你肯定说不出前面那段话。

如果你不知道这个职位的相关信息，也不能全面地谈谈你自己，你就没办法很好地解释你为什么喜欢这份工作，或者你是否适合这个岗位。接着你就会说别的一些空洞的话，比如"我喜欢在办公室环境良好的公司上班。"（当我问我其

中一位客户他想要什么职位时，他真的说了这话。）或者，“我有很丰富的工作经验，擅长沟通，团队意识强。”（你知道还有多少人会给出同样的回答吗？你其实还能说得更好。）

来自 Loyalty Factor 公司的黛安娜·邓金说道，大多数人无法描述出他们真正想要的工作。“他们说自己什么都能做。所以我就问他们：‘你擅长做什么？’我会让他们回去好好了解自己的长处，然后再回来找我，但是之后我往往就不会再收到他们的回复。”

其他人甚至都不能描述他们的基本技能，而这些技能则是让你有资格获得一份工作的基础。比如说，财政预算员的基本技能是分析金融相关数据，并让普通人都能明白他在说什么。

基本技能还包括专业知识。比如，某些特定的工程师工作需要你了解设备规格和电路。

请了解你自己的基本技能。

年轻的工作者、应届毕业生以及转变职业生涯的人——你们需要特别谨慎

对于年轻的工作者、应届毕业生以及转行到一个从未接触过的领域的人来说，在工作中表现得很无知会是个大问题。

比如，很多雇主会说，在面试了几十个应届毕业生之后，觉得这些年轻人都很聪明，喜欢科技，很了解社交媒体。但当他们解释自己想在公司里做什么时，他们的回答却惊人得一致：“我想多学习”。

这种回答或许显得你对工作很热情，这本不是坏事。但如果你拥有的只是对这份工作的热情，那么，我会怀疑你是否能达到公司的招聘标准。

当然，如果你才踏出大学校园或者正在准备转行，对于试图进入的工作领域了解甚少，认为工作中有很多需要学习的地方，雇主们对此肯定不会反驳，他们也愿意教你很多工作技巧。但这并不是他们雇用你的原因。

他们为什么会雇用你呢？因为你可以帮助他们创造和传递他们生产的产品或者提供的服务。然而，他们运营的目的并不是为了教你学习。在工作的世界，这是一个冷冰冰的事实：每一个组织，无论是营利、非营利、政府部门、医疗保健等，它们运营的目的就是传递一种服务，或生产一种产品。

为了能被别人雇用，你最好了解自己将会如何帮助他们达到这个目的。也就是说：你如何证明自己有资格拿这份工资？

即便你不太清楚自己想为公司做什么，或者这个工作岗位具体要求是什么，你也没有任何借口以毫无准备的状态参加面试。这绝对不行。这直接关系到你是否能理解公司所做的事情以及你是否清楚自己的能力。我会在第四章详细讲述这一点。

做一点调查研究有那么难吗？

请你至少花半个小时（最好多一点）来浏览公司的官方网站，然后再联系雇主。你了解得越多，准备地也就越充分。这样做了之后，我保证你对公司和这份工作会更加有热情。

说完要做调查，我首先得指出一点，很多公司网站的引导性很差。它们的重心无一例外地都落在产品销售上，而且它们非常爱使用各种行业术语。也许你花费了半天的时间也没有弄明白这家公司到底做什么。所以，你不得不花心思仔细地研究那些网站上的内容都是什么意思。

一般地，你要先找到一个写有“关于公司”的标签或者板块——通常都不在网页顶端，而是在下方。接着你就需要对这些内容做一些深入的研究了。

我们来假设这样一个情境：你得到了 Pitney Bowes 公司的面试机会，该公司的官方网站有如下描述：“公司总资产 56 亿美元，在全球范围内有 33 000 位员工，为客户提供软件、硬件和服务来整合物理及数字通信渠道。”

你明白这话什么意思吗？我敢肯定你不明白。

如果你在官网上四处看看，你就会明白这家公司所从事的行业。比如“奥林匹斯第二代收信分类解决方案”，这个产品能协助处理“劳动密集型收信整理方式”，而这种整理方式“往往花费巨大，而且容易出错”。奥林匹斯第二代产品能帮助公司“以每小时 36 000 份的收信速度对它们进行自动化分类整理，从而节省时间和资本”。现在，我大概了解了公司的情况。

我打赌，你肯定不知道 Pitney Bowes 是美国环境保护署“废弃物减排知名企业”成员之一——“我们因杰出的领导力、多样性、创新性和环境管理而被提名。”你可以查看官网上“奖励和荣誉”这个部分，你就会明白公司关心哪些领域。根据你所申请的岗位种类，这个信息或许对你非常有用。

Pitney Bowes 的官网还提到了在产品提升和在创新方面具有里程碑意义的发展，公司多管齐下，从 1902 年第一台邮资凭证仪表面世，到现在拥有多种数字签名方案，这些内容不仅适合在面试中闲聊，还有其他用处。

如果想要更多地了解公司的领导者，请找到“领导层与公司管理”选项，然后选择下拉菜单中的“公司高级职员”。别忘了，如果你想了解某个人的更多信息，你随时可以去“领英”（Linkedln，著名职业社交网站）查看。

在 Pitney Bowes 的主页还有首席执行官马丁·穆雷的一封信和一个视频。没错，里面有很多领导者会说的陈词滥调，比如“创造价值”“新兴机会”“我们将始终如一，诚挚为您提供服务”以及“创新技术”。但它能够让你对这家公司和它的员工形成一个基本印象，使你不会轻易表现出自己的无知。

即便这家公司拥有全世界最糟糕的网站，你也没有借口说自己对这家公司一无所知。你可以网上进行搜索，或许在某个地方就会有描述这家公司的相关内容，可能是关于它们的产品或服务，公司所有者或管理者。

如果你想要对工作有更多的了解，不要害羞，请大胆地问你的面试官：“您能够多告诉我一些关于这份工作的细节吗？工作中我要承担什么责任？我需要向谁报告工作进度?”

不要做……

·在联系雇主或者参加面试时对下面的内容一无所知：公司所从处的行业、谁在运营以及公司以什么而出名、工作本身以及你能为公司运营做出什么贡献。

雇主们将得出结论……

·你只关心你自己。

·你比较懒、粗心，而且不够积极。

·你不理解也不关心他们的公司、这份工作或这个行业。

·你缺乏求知欲和批判性思维。

·你不了解自己，不清楚自己应该怎样做出贡献。

·你的判断力可能不怎么好。

·你不珍惜他们的时间。

·你不在乎自己是否能和公司一起成长。

·由于你似乎还不清楚他们公司的业务，他们将花费太多的时间教你。

·你只是在寻找这样一个地方：你能学到很多他们必须教你的知识，参加完培训后就走人。

你要做……

·明白公司做什么，公司的历史、领导者、价值观和文化。

·明白这是一份什么工作，你为何适合这个工作，并在面试之前再一次彻底回顾这两个问题，想好应答策略。

·帮助雇主精确地将“工作需要什么”和“你能为公司做什么”联系起来。

·理解并指出一旦你掌握了工作所需基础技能之后，你将为公司做出怎样的贡献。

第二项：不要过于为自己辩护

有哪些问题会很容易使你为自己辩护？非常多。下面将列举一些可能会无意冒犯你的问题。

“你现在为什么没有工作?”“你为什么离开上一份工作?”“你为什么没有连续工作 5 年?”“为什么你 5 年内换了 8 个工作?”

感觉自己有点想发火了是吧?

职业生涯中发生任何事情都有充分的理由可以作为解释，但是其中一些原因可能比较敏感。有些事情你宁愿不去谈，另外一些事情则需要花时间去解释。因此，基于具体发生的事以及你对它的感受，你对这些问题的回复听起来可能会充满攻击性或者愤怒。别人甚至会怀疑你在隐瞒一些事实。这些“为什么”会让一些求职者坐立不安。

黛安娜·邓金发现人们会对这些问题采取防卫姿态：“你为什么在上一个工作待了这么长时间”或者“你为什么要离开上一份工作?”因此，邓金的公司取消了面试中这些带“为什么”的问题。

但是大多数雇主依然会问为什么这个，为什么那个。这无可厚非。如果你是他们，你难道就不想知道应聘者之前的工作情况以及离职原因吗?

如果你失业了好一阵子，他们会怀疑：你的技能和知识是否已经退化了；他们花费了几千美金对你进行培训，而你之后遇到更好的工作机会时，你会不会离开。他们还会想了解一些你失业期间的相关信息，这样就可以从其他方面了解你会是怎样的员工。

“我通常会注意到某个人没有工作的这段时期”，埃里克·札克曼说道，“这段时期是五个月吗，还是两年？如果是答案是两年，我会问对方，为什么这么长时间都没有工作，这段时间在做什么。是在做志愿者工作吗，还是仅仅坐在电脑前‘找工作’？我会很乐意看到一些人在没有工作的时期里也积极地找事情做，因为这意味着他们在为我工作时也会非常积极。”

总的来说，问题并不在于这个人有没有工作，重要的是这个人没有工作的原因，这个原因会透露出非常多的信息。这是札克曼的观点。

“如果面试者在某个行业工作时遭到衰退经济环境的沉重打击，并在公司大幅裁员的过程中不幸被裁，我不会就这件事为难他们。”他说道，“同时，我会期望这个人带着正能量来我这儿工作，对未来充满热切期待，并决心开启成功的职业生涯。”

上面这段话翻译过来就是：当雇主问你曾经在哪工作，工作多长时间，为什么出现一些负面的内容时，如果你采取自我防卫的姿态来解释，你就不会展现出雇主们想要看到的正能量，对未来的热切期盼以及“决心要成功”的态度（第一章里那个清单的第6项）。

雇主也会以*以某种方式*提出可能会让你不悦的问题。

“为什么你这么长时间都不工作？”天哪。谁会说你已经失业那么久了呢？

或者这样的问题：“你为什么会花这么长的时间来找工作？”或者“你跟你上一家公司的老板之间到底出了什么问题？”这些都是充满负面感情色彩的问题，可能会让你恨不得举起拳头。

即使雇主没有采用这种负面的感情色彩提问，我拜访过的几乎每一位雇主都会注意到，一旦他们开始探究应聘者的简历以及过往经历时，应聘者往往就会开始自我防卫了。你猜这会导致什么后果呢？

“应聘者自我防卫的姿态一定会影响我们对于他们是否诚实的判断，以及我们还有没有必要考虑是否录用他们。”罗伯·巴索说道。

应聘者的一种回答是：“我不想再有上个工作中的经历。”这种回答多半会让雇主生疑。另一种回答是：“我在红鸟公司工作了10年，我很喜欢那里的工作。当这家公司被一家大公司收购以后，我决定离开，然后为一家规模稍小一点的公司工作，我觉得在小公司的这份工作会让我有更大的成就感。”

雇主们想要了解你的过去是很合理的，不然他们怎样能了解你呢？

他们并不是要求你过去的经历多么精彩，毫无污点。他们是要了解你曾经做过的事情以及做这些事情的原因，以及处于现在这种情况的原因。你谈论过去经历的方式也会透露关于你的很多信息。

所以，请准备好在面试中被问到这些问题。

你不要这样做……

· 顾左右而言他，捏造事实，生气，完全拒绝回答，撒谎。

雇主们将得出结论……

· 你不诚实。

· 你容易生气，并会采取自我防卫的姿态。

· 你隐瞒了一些事实。

· 你态度不好。

· 在工作中，别人很难与你正常地打交道。

· 你可能无法很好地处理别人对你的批评。

你要做……

· 回顾你曾经做过的每一项工作。仔细思考，并准备好该怎么回答雇主们的提问，你的回答应以事实为基础，内容客观，这样就不会引起怀疑。

· 理解雇主们为何要问这样的问题，并用客观的事实来作答。

第三项：千万，千万不要迟到

这个道理似乎很明显，但事实上有些人并不守时，这让我感到困惑。

我之所以这么说，因为我见过太多迟到的员工。你规定了具体的会面时间和日期，请他们按时到达指定地点，雇主们也想知道按时面试真有这么难吗？

约有 40%的人在参加埃里克 · 札克曼的面试时迟到。

如果你与黛安娜 · 邓金会面，最后却迟到，而且你也没打来电话解释你迷路的情况，那么你将“失去我对你的信任”，她说道。“这也会告诉我，你工作起来可能也不会太认真。”

“我也遇到一些应聘者，根本就没有来参加面试，也不提前打电话或者发邮件进行说明。”罗伯 · 巴索提到。如果你迟到了并提前告诉他，他虽然可能会对你产生怀疑，但依然会给你机会。但是，他提到：“如果面试迟到，也不提前打招呼，我就会认为这种迟到的事情以后还会发生。”而你却依然认为迟到是可以接受的事情。

雇主们有多讨厌迟到的人？

在 2009 年的问卷调查中，人力资源管理社区向将近 500 位雇主提出了这个问题：“参加一场工作面试却迟到，这会给面试者带来多大的负面影响呢？”58%的雇主说这会严重影响整个面试结果，39%说这多少是个问题。

你可能会说：“这么一件小事就能得出这么多结论？”任何一位职员的时间

都很宝贵。有人专门留出时间来面试你，尊重一些别人的时间吧。

既然我们在谈论时间，所以参加面试时不要浪费时间。提前准备好 1～2 份纸质简历，面试时带上这些简历。没错，雇主可能把你的简历误放到了其他 562 份简历的文件堆中。这也是展现你思考周到，做事高效的机会。

你不要做……

· 一直等到最后一分钟才清楚自己要讲什么。

· 为迟到找借口。

雇主们将得出结论……

· 你不会提前计划和思考。

· 你不尊重他们的时间。

· 你不会严肃对待你的工作，或关心你的工作。

· 你没有奉献精神。

你要做……

· 多给自己半个小时的时间去面试现场。因为你要考虑可能存在的交通堵塞、道路维修和停车问题。

· 提前了解公司的位置和前往公司的方向——如果能在前一天进行一次试驾会更好。

· 提前 10 分钟到达。去休息室检查是否一切都准备好了。还有，女士们要确保牙齿上没有沾上口红。

第四项：别太过担忧

我对此特别有感触，因为我几乎会担忧所有事情。我的这个习惯来自我的母亲，她的习惯又来自她母亲（我外婆），我外婆的习惯很可能在她来这个国家之前就已经受到她母亲的影响。但是，你再怎么担忧也于事无补。

我知道面试失败的风险很大，压力也大。我也知道，你很可能担心会把面试搞砸，说错话。

面试表现差或者比预想得要差，这种事往往会发生在很多竞争力强的人身上。请听我说一句：你对成功的过分渴望有可能反而让你表现更糟。心理学家及《窒息》（Free Press 出版社 2010 年版）一书的作者西恩·贝洛克也如是说。这听起来很讽刺，对吧？一切都因为你过于担忧了。

当你对一个通常一定会发生的事件有过多担忧时，你就可能会窒息。你听说过“分析瘫痪”吗？

贝洛克和处于高压状态下的人们在芝加哥大学的“人为表现实验室”一起进行了实验。她说，在压力下，这种担忧的情绪会淹没大脑。对这种担忧情绪的控制会转移你的脑力，也就是说你无法完全利用你的“工作记忆”或认知脑力，这就会让你的头脑在保留一种信息的同时却处理另一件事——比如以说服的口吻与潜在的雇主进行一场相互妥协的对话。

还记得我刚说过什么吗？不要着急。在“充分准备”和“不要考虑太多”之间找到平衡点。

另外，对一些事物的普遍现状感到担忧，并到处说“就业市场上没有工作”或者“这道工序实在太复杂了，我一定做不好”对你没有任何好处。对经济现状和找到工作的预期所发的一通牢骚只会让人变得性格乖戾，而雇主们一定不愿意聘用这样的人。

为了保持一个乐观的心情，我极力建议你不要关注每月第一个周五由美国劳动部发布的包含失业率在内的多项数据。

首先，这些数据对于你和你找工作的过程有什么帮助呢？这种短期的预测数据都是从上个月的数据修改而来（有时甚至是大幅度修改），似乎只是为了激起民愤，结果导致这个结论：“几乎不可能找到工作。”

我们在第一章里说过，找工作绝非不可能。当我写下这些文字时，月度报告实际上表明了就业市场正在变好。但谈到你的求职过程时，这些数据与你都毫不相干。每次有相关就业报道发布时，这些报道会让你失去工作积极性、心慌意乱以及充满负面情绪。

所以，它们考验了你对求职的看法会如何影响自身的求职表现。

你听过积极思考的力量吧，现在，心理学家相信有一种东西叫作积极认知的力量。

美国普渡大学对“人的认知将如何影响人的行为”这一问题进行了研究，发现一个任务看起来有多困难与这个任务的实际难度之间有着很明显的关系。

普渡大学的研究项目以高尔夫球、球场上的洞以及人们如何感知这个洞为研究对象。来自科罗拉多州立大学的心理学副教授杰西卡·威特在普渡大学组织了这次研究，她发现当人们所感知到的洞比实际要大时，他们的击球过程就会越成功。该研究结果以“把我从消沉中拉出来！视错觉会提高运动成绩”为标题发布于《心理科学》2012 年 4 月份期刊上。

“这些效果并不仅是专门针对运动员”，威特于 2012 年 4 月 18 日在美国国家公共电台早间版上如是说，“而是针对每一个人的各种任务。因此，如果你必须爬上一座小山才能开始工作，困倦了或者没有太多体能并且背着很重的包，那么这座山看起来会更加陡峭，距离更加遥远。”

威特也指出，拥有积极的认知会给人带来自信。也就是说：“如果山似乎没那么陡峭，或者高尔夫球洞看起来比实际的大，这种调整后的认知会让你对自身的能力感到自信。”美国国家公共电台的乔·帕尔卡在这段访问中做了如上总结。

那么，请你思考你将要说的话以及你所期待的结果。你也需要训练自己，让自己以更加积极的态度看待事情。

你不要做……

· 想得太多，把每一件你要说的事都列入计划中，并过分担心自己会说错。

· 带着负面情感讲述事情。

雇主们将得出结论……

· 他们会觉得和你一起工作不舒服。

· 你总会带来负面影响。

你要做……

· 仔细思考你将要听到的问题；计划并预演你可能的回答；在面试中顺其自然。

第五项：不要表现得很老气

二三十岁的人可能会感觉我比较“老成”。但我却不认为自己“老”。如果真有人觉得我很老的话，我会十分惊讶。这在求职过程中显得最为重要——你怎么看自己。

毫无疑问，人们普遍会对年老的工作者怀有偏见。没有雇主承认他们不聘用你是因为你的年龄；但有时候你很清楚，你被淘汰的原因就是年龄问题。

然而，如果你已经坚定地认为“我这样的年龄，一定不会被聘用”，或者你担心雇主觉得你不适合某种工作，毫无疑问，你一定不会被任何公司聘用。

对于你这样的年龄，能做的事情虽然不会太多，但是（这是一个重要的“但是”），你可以让雇主们看到你年轻、充满能量的一面，因此和年轻员工有一样的价值。这就要看你怎么想、怎么说、怎么表现自己。

因为对方不相信你能够完成任务，你或许会被雇主拒绝。但尽管一些雇主不看好你，或者彻底拒绝你，依然有很多公司会欣赏你的智慧、忠诚以及职业道德。

当你与一般人交流以及与特定的、潜在的雇主交流时，请注意你谈论自己的方式。你的话听起来是否感觉你始终纠缠着过去不放？你是否过分强调你以前做过什么？你的技能和知识很有价值，但你需要让雇主们看到你的知识如何能在今天帮助他们。

在自信和愿意学习新事物之间寻求平衡是你面临的挑战。所以，你不要做下面几件事：

· 展现出“技术犹豫”（technical hesitation），这个词来源于我为写一篇专栏文章而采访过的一位咨询者，它用来形容你对某种新技术不熟悉，或者利用这项技术时感觉不舒服。

· 自我感觉优越。这个词用来形容你遇到一个比自己年纪小的面试官时的感觉，或者你过分自信，觉得自己非常清楚怎么做一些事。

即使你重复完成某种任务超过 100 次，一家新公司也可能要求你用其他方式完成。因此，你除了需要展示你的竞争力以外，还有你“用新方式解决问题”的意愿。

来自阿拉巴马州的一位雇主曾告诉我某些年长的应聘者做过的事，你一定不要像他们那样做：“他们试图告诉我应该如何管理公司。”

那么在应聘过程中，与年轻的相比，年长的应聘者有什么优势呢？他们有更强的人际交往能力。这包括眼神交流，认真聆听，解决某人的特定问题等好习惯。

因为一些雇主认为年轻的管理者很难去监管年长的员工，所以你展现出来的合作态度非常重要。最成功的“年轻上司与年长员工”的关系以相互尊重和相互欣赏为基础。一位 43 岁的员工在工作中负责向一位 31 岁的管理者报告工作情况，这位年长的员工告诉我，他们的工作关系在某种程度上很和谐，因为他们都意识到“对方有一些东西值得学习”。

年长员工的另外一个优势是他们拥有切合实际的成熟观点以及幽默感。一位雇主告诉我，她请一位年长的员工描述他最近犯的一个错误。他咧嘴笑了笑说道：“你是说这周的还是上周的一个错误？”然后他举了一个很好的例子，并给出了自己的经验教训。

这或许只是小事，但你怎么看呢？你是否还戴着15年来一成不变的眼镜？你的发型和衣物是否过时了？你的衣服是否出现破损，或者尺寸太小？这些都会影响雇主对你的看法。

最重要的是，在大多数时候，你如何看待自己以及展现自己将决定别人怎么对待你。如果你自己不服老，那么你的雇主也不会觉得你老。你的年龄与工作无关。如果你自己做好了分内的事情，不让年龄成为问题，那么有智慧的雇主也不会在意你的年龄。

你不要做……

· 偏执地认为没人肯要你，因为你年纪大。
· 说一些让你显得很过时的话，比如"我不是很熟悉这种新技术。"
· 总是提到你过去的丰富经验。
· 自我感觉良好。
· 表现得你什么都知道，或者有一种"要么听我的，要么走开"的态度。
· 认为自己丰富的工作经验将不言而喻。
· 告诉雇主应该怎么管理公司。
· 着装风格显得自己又矮胖又傻气。

雇主们将得出结论……

· 你缺乏灵活性。
· 你的技能有些过时。
· 你的上司很难管理你——尤其是上司比你年轻的情况。
· 你总是沉醉于以往的成绩。

你要做……

· 为了让自己的技能跟随时代潮流而学习。
· 对新方法态度开放，并愿意采用新的方法来解决问题。
· 尊重他人的技能和专业意见——尤其是别人比你年轻的情况。
· 提高自己的着装品位，注重发型，让自己的体形看起来健康、充满活力。从换一副新眼镜开始吧。
· 将你的经验和雇主目前的需要关联起来。
· 保持开明的态度，乐于向年轻员工学习。

· 寻找机会展现出自己成熟且切合实际的态度以及幽默感。

第六项：不要过分谦虚

我知道你母亲可能曾经教过你不要吹嘘自己。我母亲也曾这样教育我。但如果只是坐在办公室，期望你过去的工作经验和简历会为你发出声音，这显然行不通。当雇主在面试中给你一项挑战或者出难题时，你坐在椅子上，表现出很畏惧的样子，这肯定于事无补。

如果你自己都不喜欢自己，看不上自己的能力，你的表现也能透露出来这些信息，你怎么能让别人相信你呢?

就连应用社会心理学杂志于 2012 年发布的研究也表明，有一点自恋没什么大不了。我知道，这个词听起来有些卑劣。大多数人永远都不会想变得自恋。但研究表明，在面试中展现出一点自我欣赏会起到一定的积极作用。

这项研究由英属哥伦比亚大学和内布拉斯加林肯大学联合进行。这两所大学还发现，自恋者在模拟面试中的表现要比非自恋者好很多。该研究指出，自恋者积极参与活动，滔滔不绝地说话，这在一定程度上表现出自我提升的内在趋势。因此得出研究结论：自恋者的行为能够体现出自信和专业性。

一场面试“营造出这样一种环境，你完全可以在这个环境里为自己说好话，不会导致不良后果”。该观点来自内布拉斯加林肯大学管理学副教授及该研究报告的共同作者彼得 · 哈姆斯。

他说：“雇主其实希望你为自己说些好话。”那些乐意这样做的人会比不乐意的有更好的工作表现。

哈姆斯说，研究表明这样的员工不仅会不断自我提升，而且当面试官给出难题挑战他们时，他们“会付出双倍的努力”让自己表现更好。“他们好像在说：‘哦，你要挑战我是吧？我不仅仅是一般的优秀，我简直棒极了。’这样的心态就会让他们成功。”

很重要的一点是，这些长期自我提升的人——他们语速快，健谈，能够充分利用“微笑，做手势和夸奖他人等讨好策略”——往往拥有更高的表现评级。而有着同样资质但更谦逊的人的评级则较低。

我需要说明的是，我并非建议你在面试的前后以及面试过程中变成一个极端自我主义者。但是你也不用害怕自豪地讲述过去的成就。当你在描述自己曾做过的一个项目时，不用说“我们”做了什么，而是强调你自己负责的部分。

说这些话有什么错呢："我组织了一个团队，将我们的客户数量从20个增加到50个，销售额达到5亿美元"或者"我带领了一个有着16位销售人员的团队，在第一年拿下了150万美元的销售额"。

只要你相信自己，在提到自己的成就时就没必要害羞。

你不要做……

· 谈论"我们"做了什么。

· 听到一个充满挑战的问题时畏首畏尾。

雇主们将得出结论……

· 你缺乏自信。

· 你不够积极。

你要做……

· 一定要擅长谈论自己。

· 自豪而详尽地谈论你自己的技能、经验、信仰，并提到你曾协助其他组织顺利运营的计划或方案也会对这家公司有帮助。

· 多用"我"这个词。

第七项：不要表现得漠不关心、反应迟钝或者对任何事都提不起兴趣

Assets International 的公司总裁迈克尔·兹维克在每一次面试的开头都会向应聘者解释公司所从事的业务以及该工作岗位的一些内容。然后他会问："有问题吗？"

如果你提出的问题全部围绕工作时间、薪资和福利，他很容易知道其实你对工作和他的公司并不太感兴趣（我会在第四章讲到薪资和福利问题）。

UserTesting. com 的首席执行官达雷尔·贝纳塔每周都会收到几百份工作申请，所申请的岗位包括客户服务、行政及其他专业岗位。

"当人们为一家公司工作时，他们实际上也在投资。所以我们想听到一位投资者会提出的问题。"他说道。

埃里克·札克曼欣赏有好奇心的人，这些人通常会问："你们公司目前正在做什么项目？我如果来工作，会和谁共事？"但他只看到很少一部分人才会问这些问题。"人们可能会对工作感兴趣，但他们并没有通过自己的行动表现出这一点。"

所以，请向雇主们提出有思想的、适宜的问题。提出以下问题是深入了解工作的好办法：

· 这份工作主要的职责是什么？
· 这份工作需要解决哪些问题？
· 你们对这个岗位的期望是怎样的？
· 需要怎么做才能成功？
· 为什么现在这个岗位在招人？
· 一般来说，一天或一周的工作内容是什么？
· 这个岗位将如何对公司、公司目标、创新、生产力或盈利做出贡献呢？
· 在国际市场的竞争中，你们公司对自己的定位是什么？

向雇主提出有关工作或公司的具体问题并不是展现你对该岗位有兴趣的唯一方法。你可以提起最近跟公司有关的新闻，或者影响这个行业或者公司的趋势，这将为你们带来更多的对话。这种话题会变成一个可以反复聊起的有趣对话，还可以让你充分展示了自身的求知欲以及对公司业务的热情（这也是第一章“雇主们正在寻找这样的员工”清单里的第 5 项和第 10 项内容）。

当雇主对你感兴趣时，请立即做出回应，不要拖延。否则，不知不觉一周就过去了，那时候你已经错过了最佳机会，因为雇主可能已开始寻找下一个潜在的员工了。

你还记得札克曼的观点“没有回复就意味着没有兴趣”吗？即便他听到各种借口，比如“我的电脑坏掉了”“我参加了一个葬礼（做了一个手术，家里有急事或孩子病了）”“我当时不在国内”，这些都于事无补。他早已开始继续寻找更加合适的人选。

不能及时回复以及其他懒散的行为都会让雇主产生怀疑：“这个人在工作岗位上也会如此吗？”

回复的机会有很多，它们贯穿在整个求职过程中。一家小型企业的老板在第一次招聘期间，面试了一位男性应聘者，该应聘者给她留下了深刻印象。为了让她大致了解他的工作情况，这位岗位候选人自愿在周末从事某个项目。

雇主和她的合伙人再次与该应聘者会面。这一次他们请他考虑以合同工的身份全职从事于这个项目，一直工作到年底。“这位应聘者说他会尽快回复我们。”她说道。同时，他继续致力于这个项目。

最后，她说：“我们希望和他开一次网络会议，来讨论下他的工作。一天过去了，他没有回复我们。后来他发来一个很奇怪的理由来解释他为何没有回复。

他说他的孩子上网占用了太多的网络带宽。他承诺会打电话，结果也没有打。他这一系列的行为表明他没有跟进工作。”

于是雇主得出结论：他在工作中也会如此。于是这位应聘者很快就被淘汰。

我在亚特兰大为一个项目招募一位临时工作人员时发生了一件让我印象深刻的事情。当时我发布了一个招聘信息，说要招一位音乐家，并留下我的电话。过了 3 周，我联系的几位音乐家才回复我，其他的根本就一直没有给我回复。在我所联系的一些有资质的音乐家里，我最终选择了其中一位，因为他似乎很想要这份工作，当然还有其他原因。

没错，他的资历非常棒。他能演奏竖琴、大提琴、管风琴，还能作曲。他曾与管弦乐队一起在美国和欧洲各地都演出过。至于教育背景，他拿到了圣·路易斯音乐学院（现在是华盛顿大学的一部分）音乐专业的硕士学位，目前正在乔治亚大学攻读博士学位。

但我并不在意他在哪里获得的学位或者他能演奏什么乐器。面试到最后就剩下他、一位小提琴手和一位吉他手，我认为他们的资质相当，但并未让他们进行演奏水平上的较量。

他的行动表明他似乎很符合我的要求。

从他第一次回复我的邮件开始，他便表现得很专业：他关心这份工作和我的项目，并且很愿意多学习。

在他的第一封回复邮件里，他的措辞就让我对他很有好感。他写的句子完整而连贯。我能判断出他考虑很周到，并且他会深思熟虑之后才行动。他向我表示感谢，因为我考虑雇用他来完成我的项目。他对这个项目很感兴趣，并写了一大篇文字来阐明原因。他很仔细地通读了我的邮件，并对每个要点都予以回复。

我们聊得越来越多，他也越来越了解我的需要。

在接下来的几周，他回复了我的后续邮件。如果我没有收到回复，他也不会让我对此怀疑好几周。相反，他让我知道了他从现在起一直到 12 月底之前都将无法与我联系，因为这段时间是假期——一年中他最忙的时候。他对于这个项目的时间能够灵活应对。在之后的工作跟进过程中，只要是他承诺了能做到的事，他都做了。我能从他提出的问题里看出，细节对于他和我同等重要。

他向我证明了我完全可以信赖他：相信他不仅有我需要的技能，而且还有这个工作所需要的性格和承诺。我怎么得出结论的？他对工作很感兴趣，并且能及时作出回复。

你不要做……

· 等到明天才回复雇主的邮件。

· 在早期的谈话中就问到工作时间、薪酬和福利问题。

· 忽视主动联系你的人。

雇主们将得出结论……

· 你对这个岗位不感兴趣。

· 你无法在工作中起带头作用，或者坚持到底。

· 你不够可靠。

· 你并没有足够的积极性。

· 你不擅长沟通。

你要做……

· 及时回复雇主邮件。

· 保持好奇心，并提出适当的问题，这些问题能够让你理解雇主的需求以及你是否拥有这个岗位所必需的条件。

· 与雇主分享你的联系方式和联系你的最佳时间，确保他们能及时联系到你。

· 立即跟进其他雇主的要求。

第八项：不要过分关注你的不足之处

没有谁绝对完美。

你可能拿到了一个“错误”领域的大学文凭，或者根本没有大学文凭。或许你在十年里干过六种不同的工作。或者你有整整两年的时间失业在家，或者除了实习以外没有其他任何工作经验。

每一个人都有“不那么完美”的一面（无论这种情况是否出于他们的意愿），可能是他们所缺乏的东西，或者关于他们希望有所改变的事物。但这些都没有必要成为你求职路上通往成功的绊脚石。

我能理解为什么你会想到其他方面。你是否还记得第一章里我们提到的内容，雇主也是人，他们正在进行着心理学家们所称的“负过滤”。这意味着他们在关注你的负面信息时无法注意到你的正面信息。之后我们谈到了为什么他们会禁不住会那样做；立即看到事物有问题的一面是人之本性（从某种程度来讲，雇主们这样做也是为了让招聘过程更加高效）。

你也是人，你也会这么做——倾向于思考出错的事物或者你自身的不足。在你感到很大压力时尤其如此。但你这么做的原因可能就像精神治疗师兼作者乔纳森·阿尔珀特所说的，“没人愿意让自己陷入失望之中”。因此，通过“关注他们认为自己缺乏的东西，他们对自己有了更清晰的认识。如果他们感觉某件事注定会失败，他们便不会天真地参与到这件事当中”。

撇开心理学的东西不谈，简单地说，就是人们始终会因此感到不安。

雇主倾向于对出错的事物时刻保持警惕，你也会始终考虑自身缺点，那么你与雇主之间进行的谈话和面试就不会很长，很愉快。

那么一个习惯于总是关注最糟糕的事情的人应该怎么做呢？

先处理你自身的想法，然后再去解决雇主的想法。

你其实很担忧“雇主会认为你有瑕疵”——类似于“我年纪太大了”的想法。这种情况我见过一千次了。

但你可能又说：“我失业在家五年了啊！”

对啊，怎么办呢？你不能改变这个事实。你不会只因为失业这个原因而变得有瑕疵。但如果你觉得自己因此变得有瑕疵，那么雇主们也会这样觉得。

即使你曾中途离职，并花两年的时间在威斯康星州的有机农场工作过，那又如何呢？

一位雇主会觉得，这些经历能增加生活乐趣，也表明你有爱心和冒险精神。另一位雇主可能觉得：“这个人怎么会选择去那里工作呢？太蠢了！”尤其在你拥有哈佛大学工商管理硕士学位的情况下。

你在毕业后的前两年在劳氏（美国零售公司，世界五百强）工作，这种工作经验又如何呢？

这对你来说是无法避免的、永远的瑕疵吗？别太快下结论。这可以表明你拥有很棒的工作经历，你在那里学到了库存管理、运营以及客户关系方面的知识，这些经历都有助于你为目前的这份工作做好准备。你完全可以在面试中提到这些经历，稍后我会继续讲这一点。

你不能因为自己曾做出的决定可能让一些陌生人感觉比较糟糕而后悔。你的选择和你的境遇并未对你造成很大影响。所以，请你不要再纠缠自身缺乏什么（或者担心雇主们觉得你有不足之处），而是关注重要的事：如何影响雇主们的想法。也就是说，你需要引导雇主们发现你所担忧的问题其实不是问题。

当然，提前预测到一位雇主可能有的异议或担忧对你有所帮助。现在请你将重心转移到对雇主的影响上，你能做到。

首先请你悉心考虑之后再解释：为什么自己一段时间内没有工作并不是问题。下面是我的“帮助他们解决心中疑虑”准则。

我的“帮助他们解决心中疑虑”准则

第一步：预测到雇主们对你有疑虑。

他们对于理想的员工有一个全面的设想。他们理想中的应聘者完全不存在你身上的不足，所以他们会找理由淘汰你。在和雇主谈之前，请你仔细想想“理想的应聘者”应该是什么样，以及雇主们可能会以什么理由认为你“有缺陷”，并将这些缺陷写下来。

第二步：保持冷静。

当有人和你意见一致时，你会感觉良好。因此，当你和对方进行电话面试或者现场面试时，一旦你感觉到对方有一些忧虑或者不明显的暗示——“我不确定你的教育背景是否符合我们的要求”——请你同意对方的看法。比如你可以这么说：“我能理解你的想法。”这样可以缓和紧张气氛，并让你们继续交谈。

第三步：给出你的证据来证实与雇主所述的相反观点。

现在，请让雇主明白为什么他的担忧完全没有必要。你已经在第一步里将这些理由想清楚了，所以你不会在此刻哑口无言，而是冷静地解释：“我大学时主修英文，这对我在……（任何方面）都很有帮助。毕业后，我在……（无论什么地方）参加了继续教育课程。我上一份做了四年，工作涉及这份中工作要处理的此类内容，所以对于目前这份工作中处理的问题，我有亲身经验。结束那份工作之后，我也对自己有了很多新的认识……”

第四步：继续讲述你还能够提供的经验和技能。

现在，你已经解决了上面的问题，请你温和地将面试官的注意力引导向你的优势和具备的其他价值上：“说到项目管理，我正在完成我的项目管理资格认证……”

当我们还在谈经验和“正确的”教育背景时，我想提醒你一下我们在一开始就谈论过的内容——这也是雇主们多次向我提到的：你可能拥有所有的“正确”经历、技能和知识，但你却无法通过电话筛选或者第一次现场面试，就因为你看起来和你自己描述的不一样。

但如果你缺乏经验或者没有“正确的”学位，那应该怎么办呢？

“任何人都可以学习。”札克曼说道。他还说，他在招聘方面非常开明，“如果你拿了历史学的学位，并对我们的公司、这份工作以及我们从事的业务感到好奇和兴奋，你也能来。如果一个人每一天都雄心壮志、充满热情，而另一个人只是有丰富经验，我宁愿选择前者做我的员工。所以，一定要每天充满热情！”

“如果需要从两人中间选择：其中一个人有很多工作经验，另一个则很有风度，聪明，让人感觉愉快，并会设身处地为别人着想，但需要更多的培训。那么第二个人一定会是我们优先考虑的对象。”某商学院的一位市场总监这么跟我说道，“证明自己能快速解决难题并拥有正确的服务态度更加重要。”

在经验和态度中进行选择时，每一位雇主都会告诉我同样的答案：任何时候都是态度优先。

你或许并未在各个方面都表现完美。但谁又能呢？你如何看待并应对自身的情况将对雇主带来更大的影响。关键是向他们展示你“看起来”如何。

不要做……

· 过多地考虑自身的不足，并得出“自己有瑕疵”的结论。

雇主们将得出结论……

· 你不自信。

· 你采取了自我防卫的姿态。

你要做……

· 对于你曾经做的事情和你在职业生涯（或职业生涯的准备工作）中的若干选择作出一些合理的解释。

· 请仔细思考：

——这份工作所需要的理想员工应该具备什么性格？

——雇主可能担心你没有什么技能或经验？

——根据你的背景或其他情况，一位雇主可能对你有些先入之见？

· 用温和的方式让雇主们明白对你不用有任何疑虑。

第九项：不要像流水作业线一样粗制滥造你的求职信

在求职过程出现的所有不合逻辑的思维中，这一条名列榜首：我投出去的简历越多，我得到面试机会的概率就越大。

请相信我，这真的毫无逻辑。下面是你会经历的一些事：

·大量复制求职信并发送给几百个雇主，通过这种方式申请自己并未达到资质要求的岗位。

这种办法，耗时且不讨好。

你是否还记得，第一章里埃里克·札克曼提到曾有贷款经纪人申请他公司的设计师岗位？如果你发一封求职邮件或求职信给他，附上自己的简历，申请设计师岗位（而你不是设计师），并写道："我申请设计师这个职位。"后面附上若干条你作为财务计划师的工作经验（你已在此领域工作 12 年），那么他一定不会考虑你。

显然，你既没有设计师的资质，也没有对这份工作表现得特别有兴趣；你只是将简历发送给任何有招聘需求的公司。如果雇主们想要找对这个岗位和行业充满激情和热情的人（他们列表上的第五项），他们凭什么要在你身上浪费时间呢？

·粗制滥造一沓虚假的求职信，信中没有一句话与你所申请的岗位有关。信的内容包括这些（都是真实的句子）：

"附上我的简历，供您考虑。"

"我申请这个空缺岗位。"

"在克雷格（craigslist. org，美国一家大型网络分类广告网站）上看到你们的招聘广告，我已经附上简历谢谢。"

我还需要向你解释这样的求职信会收到什么样的回复吗？我向你保证，一定不会是充满热情的回复。

·粗制滥造太多的求职信会让你变得粗心。

以下是罗伯·巴索和埃里克·札克曼友情提供的此类求职信范例：

——求职信寄到了错误的公司。

——邮件里说："感谢贵公司提供这个机会，我才得以申请贵公司运营经理一职。"而实际上这是一个销售岗位。

真糟糕。

你的简历也会出现一样的问题。

而且，当你试图在一些类似领英（LinkedIn）这样的职业社交网站上与某人建立联系时，你需要让自己的语言富有个性。当你通过领英的站内信与某个你并不熟悉的人联系时（就跟发普通邮件一样），这一点尤其重要。

你如果想要挑战自己一天之内能批量发送出多少份求职信，上面的事情就会发生在你身上。因为你觉得找到下一份工作只是概率的游戏。

绝对不是。找工作需要和一个真实存在的人进行有效的沟通。正如札克曼所说的，在求职中出现这样粗心大意的情况“表明了你压根就不在乎这个工作机会”。

你不要做……

·申请的工作岗位需要某种很具体的专业技术，而实际上你完全不符合资质要求。对这个领域你也没有丝毫兴趣和相关背景。

·发出去的邮件和求职信里的内容提到完全错误的工作岗位。

·寄出千篇一律的求职信、邮件以及领英的站内信。

·未经思考就急忙回复雇主。

雇主们将得出结论……

·你需要的只是一份工资单。

·你压根不在乎这份工作。

·你不珍惜他们的时间。

·你不关注细节。

·你不为自己和自己的工作感到自豪。

·你给全天下的所有雇主发送一样的求职信，却对他们的公司一无所知。

·因为雇主们不明白你究竟要申请哪个岗位，所以认为你无法胜任这项工作。

你要做……

·弄明白你想去的公司有哪些工作适合你的专业。

·为每一个特定的工作量身撰写求职信。

·申请不同公司的工作时撰写不同的求职信——即使你并未申请某个特定的工作。

·至少检查三次求职信中是否有信息错误和打字错误。

第十项：不要表现得极度渴望

我家的狗能够很熟练地摆出极度渴望的神态。它放平自己的耳朵，头低下来并往前伸，身子稍稍拱起，渴求的眼神与我的眼神交汇，它要什么我就会给它什么，每次都会很奏效。但对于求职中的你来说，表现出对工作的“极度渴望”不是件好事，它可能会起到相反的效果，把雇主们吓跑。

黛安娜·邓金提道，“人们开始谈论为什么表现出迫切需要一个工作”是不好的迹象。

“他们会说：我母亲病了，我们没有医疗保险；我们家刚添了两个孩子；我丈夫刚刚失业，我们的收入下降了；我们正在想办法让孩子读完大学。”

这些回答说明了什么呢？“这些人并非在寻找一个能给他们一段职业生涯或让他们与公司共同成长的岗位。”

告诉雇主“我什么都能做”似乎是个好主意。但这样会显得你对工作“极度地渴望”，你并没有认真思考你能在哪些方面为公司带来改变，而其他的竞争者则会思考这些问题。

罗伯·巴索说，当某些求职者“过于迫切地说出可以为我们解决问题”时，他们也表现一种极度的渴望，他还说这就好像竖起了一面又大又旧的红旗，不可能不被面试官注意到。

“他们没有谈如何为我们解决问题，而是表现得极其紧张，他们会谈起之前的工作技能，并且近乎绝望地想要这份工作。”他说道。

还有一些人明目张胆地表现出极度的渴望。就拿《纽约时报》2011年的一篇文章中提到的出租车司机来说吧。为了能在对冲基金行业谋得一职，这位司机将一块过塑的薄板贴在车内，板子上写着：“向我索要简历吧，你不会遗憾！”

他说，他认为“推销自己的最佳方式就是开车在城里到处转，车上贴着标语‘嘿！帮帮我！我需要一份工作！’”

你不要做……

·说你什么都能做。

·说你需要这份工作是因为想要一份医疗保险，或者支付你岳母的生活费。

·只关注你自己的需求。

雇主们将得出结论……

·你的技能不足以完成这份工作。

·你不了解自己。

·你只关心薪资，而不是工作本身。

你要做……

· 仔细思考为什么你有资质做这份工作，以及你是否喜欢做这份工作，并向雇主们展示他们为什么会喜欢和你一起工作。

· 详细阐述你的资质是如何符合雇主的需求的。

第十一项：不要认为面试结束了，一切都结束了

参加完面试，你松了一口气。现在应该进行下一步。没错，任何事情都有“下一步”。你可以趁此机会强化与雇主间的联系，帮助他们了解你的价值，并展示出更多让人印象深刻的品质，从而让你的竞争者们相形见绌。

雇主们很少会在第一场面试中当场决定是否给你这份工作。通常会有第二次或第三次面试，有时甚至还会更多。雇主必须与其他同事就此进行商量，或许还有更多的应聘者。

当你开车离开面试公司后，先别急着给用人单位发短信（你开车时绝对不能发短信）或者打电话（你也最好不要在开车时做这件事），而应该考虑下面的内容：

我应该怎么做才能强化我在雇主心中的好印象？我怎样才能确保他们不会把我忘掉？需要做什么才能让这一切更加顺利？

没错，这意味着更多的沟通。

第一次沟通将以个人感谢信的形式呈现——最好写给你遇到的每一个人。没错，我必须固执地强调一遍，你在求职过程中遇到的每一个人都需要收到一封诚挚的、带个人情感的感谢信。我不管你申请了一个入门级的岗位还是经理主管类的职位；如果你想要有竞争力，你就必须撰写这些信件并尽快在24小时内发送出去。感谢信必须是有一定文采、无任何错误的工作信件或邮件，通过这种方式向所有抽出时间来面试你的人表示感谢，并向他们讲述你比别人优秀的原因。

这种信件没有什么作用：

“亲爱的凯西先生：非常感谢您关注我并在百忙之中抽时间面试我。期待您的回复。”

你觉得这样的邮件内容会让面试官到了晚上还记得你有多特别吗？

这对你来说是一个机会，可以让每一位见过你的人回忆起你有哪些直接价值，以及你对这个岗位有多大的兴趣——这是两个雇用你的好理由。什么样的信件会做到这一点呢？

在开头礼貌地寒暄过后（“感谢您给我这次面试的机会……”），继续说一些话让他们保持对你的兴趣，比如：“我还在思考我们有关国际市场的对话。对于这个领域的工作，在此给出我的一些看法。”然后告诉他们你的想法都是什么。

你在面试交流中学到了什么？将它们充分利用起来，并把你认为自己在这份工作中要关注的几个点总结出来：

“在和您交流之后，我对贵公司的目标有了清晰的了解。我认为，有两个领域值得立即关注，即新的销售团队的建立和培训。我曾经很成功地为两家打入国际市场的公司招募、雇用、培训和管理了专业的销售团队。这两个案例中，两家公司将自己的服务销往巴西、中国和印度，在一年内都取得了出色的销售业绩和收入。”

有一位在大学里工作，他曾经雇用了14 000多人，他说如果有人肯花时间向每一位与面试有关的人表达谢意，这一定会给她留下非常深刻的印象。

“这表明他们关注细节，并且他们确实很关心和理解所有挤出时间来安排面试的人。这展现出了非常好的礼节和专业性。”她说道。

这告诉了我们什么呢？没错，这也是工作，而且这些工作值得我们付出精力和时间。

罗伯·巴索说他“发现与之前相比，面试后能跟进后续工作的人急剧下降，尤其是现在的年轻人。我确实很希望他们在面试后发来一封邮件，再次阐述他们的优势，并感谢我为他们抽出时间面试。”

他说，这样做不仅能“再次证明他们确实对工作很有兴趣”，猜一下这样做还有什么好处呢？这也是展现你会是何种员工的关键时刻之一。他指出：“这能显示你的写作技能和工作跟进技能。”

这太重要了。“如果我感兴趣的一位应聘者事后并没有发来一封跟进的邮件或者打一通电话，这一定会对他们产生不利影响。”

迈克尔·兹维克说，不写感谢信或邮件就意味着被淘汰。这不仅显示出一个人缺乏社交礼节，而且他提道：“不发感谢信表明这个人并不那么想要这份工作。我不想招聘一个并不太愿意来工作的人。”

一位企业家刚为自己的公司面试了一位潜在的业务经理。他告诉我，接下来的进展将完全依赖于他面试的这个人。所以，他仔细观察这位应聘者是否会展现出这个工作所需的技能。

“我们看看他下一步会做什么。”这位雇主说道，“他会跟进吗？他会写一封很棒的感谢信吗？如果我始终没收到他发来的任何信息，我就会非常清楚他以后会成为一名怎样的业务经理，答案是不那么优秀的经理。”

一封写得很糟糕的感谢信也会给你带来负面影响。埃里克·札克曼面试了一位女应聘者，他认为这名应聘者“非常有意思”。之后她发来了感谢信。

“这份感谢信看起来像小孩写的一样。我的名字拼错了，错误百出。我为什么会让这样的人来公司做一份需要特别关注细节的工作？”

在你下一步的计划中，你也可以基于面试讨论内容发送一份工作预案。这将展现出你的积极性（列表中第七项）。预案不一定非得特别详尽，我并不是建议你花费若干小时的时间拟一份详尽的营销计划、竞争分析或特定的战略和预算计划。这些都是别人需要付你薪水才做的事情。

我指的是这样一份预案：它简要概括出这个工作将要遇到的特定问题。你可以是对公司目标的描述，并用几句话来解释你将如何为这个目标做出贡献。下面给出一个例子。

面试后你将发送给雇主的一份预案（节选样本）

目标：更好地利用子公司的生产运营以及销售网络。

我将如何为此出力：与同行业的其他公司签订许可协议，这会在行业内推广公司的品牌和产品，并提高客户忠诚度。

请记住：你要让雇主看到你拥有公司所需的品质、个性和技能。这包括积极性、沟通能力、清晰而带有批判性的思维方式、专业性，以及对工作和行业的激情。你在面试后发送的感谢信和做出的跟进让你有机会做到这一点。请尽量利用这个机会。

你不要做……

·在家里干坐着，心想雇主什么时候才给你回复。

·向每一个人发送千篇一律的感谢信：“感谢您的宝贵时间，期待您的回复。”

雇主们将得出结论……

·你没有跟进。

· 你对工作并不那么感兴趣。

· 你是被一群狼养大的（因此你不懂正确的社交礼节）。

你要做……

· 面试后 24 小时内，向每一位你遇到的人写一封真诚、个性化、完全没有错误的感谢信，提醒他们你能为公司带来的直接价值。

第十二项：不要紧张，也不要试图表现得完美无缺

你是否注意经常会看到有人在餐厅一边用餐一边进行面试？那位满怀希望的应聘者身穿着笔挺的海军蓝或黑色西装，紧张地坐在椅子上，胳膊像木板一样僵硬，手心朝下摩擦着大腿。

老实说，要是人们放松一点就好了。这会让你减轻很多压力，并让坐在桌子另一头的、和你一样忧虑的雇主进行更有成效的决策。

首先，如果自己不再将面试当作“试图将自己销售给公司”的过程，你会甩掉很多压力，变得轻松。你一定了解这样的感觉，心里想着：“我必须要让他们聘用我，千万别做什么傻事毁掉这个机会。”你可能还没察觉到，但你早已忧心忡忡。

如果你只是将这次面试看成一次对话机会，你会表现得更好。你只需要坐在那里聊天，并不是在销售任何东西，而是在面试中自如地应答。就像下面的这场对话一样：

雇主：“那么，朱丽叶塔，我了解到你曾成功地为你的广播站带来了收入。你是怎么做的？”

朱丽叶塔：“嗯，首先，我计划并扩大了我们的广播站，包括对三个录制工作室进行彻底翻新。我落实了该计划，拿到了超过 1 亿元的设备改善基金，用于改善硬件技术。这包括夜间自动化技术，多轨录制控制台以及数字音频分布。然后我通过发送内容活泼的直邮广告和举办公关活动的方式，带头推销我们工作室的服务。你们公司在两年前也有过类似的动作吧？”

你看到雇主的问题是如何让朱丽叶塔自然地提及一些事情的吗？（另外，这也表明她提前做了调查研究。）所以她在最后提出这个问题，然后雇主作出回复，接着他们的谈话进入另一个层次，开始了另一个话题。不用多想就知道他们谈话的气氛很融洽。这是一场真正意义上的对话。

最后，每个人都觉得这场面试很顺利。

当然，你还是需要保持警觉，不要说任何愚蠢的话。但你让自己减轻了不少压力，面试变得更加有趣了（我可以说面试是一种让人享受的体验吗?）。

但当你高度紧张，试图让自己近乎完美时，你会出现出各种各样的问题。

一位在大学工作的雇主告诉我，她在电话中与一位女应聘者约好了现场面试的时间，她觉得对方在电话中表现很不错。

但到了现场时，“她极度紧张。”这位雇主说道。

“她的声音在颤抖，脖子发红。我不确定她是害羞还是紧张。整个过程她都很死板，似乎表现得‘过于专业’了。她身体僵硬，一直试图表现得非常完美。”结果事情却变得更糟。

当雇主请她描述自己曾经犯的一次错误，她从中学到了什么以及如何解决错误带来的问题。这位应聘者微笑着说：“我从来不会犯错，我猜我就是这样完美。”

然后，雇主对我说：“然后她紧张地笑了笑。她的回答可能是半开玩笑，但她并没有正面回答我的问题，也没有跟进我的思路。我能判断出来，她一定认为给我留下好印象非常重要，但这会伤害她。她几乎对我毕恭毕敬，把我当成权威，并试图给我留下深刻印象。而我却只想和她进行一场普通的对话。”

所以，该应聘者会给雇主留下怎样的印象呢?

“好像她不够成熟，缺乏我要求的专业性和必要的技能。我要求应聘者反应敏捷，并能够为自己犯下的错误负责。她没有足够的自知之明。根据她的作风，我认为她需要接受微观管理（管理者对员工进行密切观察和操控，使其完成指定工作）。”

实际上，不试图变得完美——甚至遭受失败——也可能是好事。

凯尔·齐默是一家名为 First Book 的非营利组织的首席执行官兼董事，她在2012年5月26日的《纽约时报》“角落办公室”作家专栏中描述了这样的一次面试经历。她在面试中向应聘者提问：“你曾经亲自动手做过什么特别的事情吗?从你小时候到现在，你发明过什么东西吗？创办过组织或社团吗?”

然后她继续问：“你亲手做过的那件事情中，最难的地方是什么？失败过吗?”她接着补充道：“如果你一味地加快你所做的事情的进度，你失败的可能性会大大超过成功的可能性。”所以她想听听应聘者如何谈论失败。他们会怪自己吗？他们会采取什么不同的做法？她的公司里有很多人在工作中努力尝试做到最好，结果依然是“虽败犹荣”。齐默能从应聘者的回答中看出对方是什么样的人。

过于正式的语言也不太合适，因为这并不是人们真实的一面。“我们想雇用真实的人，而不是机器人。”UserTesting. com 的副总裁克里斯·希肯说道。

紧张的应聘者所做的另外一件事就是只会回答“是”或者“不是”，这样的回答并不能促进谈话的进行。

埃里克·札克曼很讨厌这样的回答。他对我说：“要积极参与进来!”他特别强调这一点，所以这句话值得加一个感叹号。“如果我谈到我们公司和这个工作，并且你也喜欢我讲的内容，那么你就别只说‘这个听起来不错’，而是要和我进行对话。”

那位在大学工作的雇主对此表示同意。她说，紧张的应聘者“只会非常有礼貌地回答我的问题，而不会详细阐述。我感觉自己必须要很努力才能从让她开口。”

而对所有问题都进行回复的人（尤其是年轻人）也同样不会在面试中留下好印象。无论你在谈论什么，他们都要回复一句“哇哦!”，或者与之类似的“没错，完全是这样!”“太棒了!”“真不错!”“绝对如此!”

这些推特（Twitter，全球知名的社交网络及微博客服务网站）风格的回复语言很难让雇主弄明白你的真实想法。你需要在回复中详细阐述，这样面试官才能认真地去听并与你进行有意义的对话（我将在第四章提到与此有关的更多内容）。

你还记得旧金山一家名为 Yammer 的企业软件公司的招聘主管乔·张吗？他说他认识一个很有创意和富有洞察力的应聘者，很有希望被录用，用人单位希望在现场立刻为公司带来价值，因为该应聘者在面试中“提出了很多问题，而且对于公司情况和公司文化更是不断追问。”如果想积极地与雇主交流，这是你要做的事情之一。

考虑到你尚且不清楚这份工作是否适合你，进行一场对话会将你摆在更好的立场来估测这份工作是不是你的最佳选择？

当你和面试官两人（或者更多的人）在真正地对话时，你就明白了最重要的一点：要理解与你交谈的人是谁？

我很喜欢芭比·波朗（世界级彩妆品牌“芭比·波朗”的创始人）在 2010 年 1 月 23 日出版的《纽约时报》文章上说的话。当问到她在面试别人时寻找什么样的应聘者时，她回答道："我并不觉得面试他们是为了工作。我首先将他们当作独立的个体来看待，试着去理解他们是谁。"

没错，你会为了面试而精心准备。你会仔细思考面试官可能提出的问题以及你如何作答，然后始终以尽可能完美的方式呈现自己。

但是面试并不是审讯，你没有必要极力推销自己。你只需做最真实的自己，通过对话展现你的优点就好。

你不要做……

·将面试转变成"自我推销"。

·尝试变得完美。

·过于正式。

·对每一件事情都简单地回复"那真棒!""哇!""完全如此!"或者"太酷了!"

雇主们将得出结论……

·你不成熟。

·你的沟通并没有很大成效。

·你无法在有压力的环境里控制自己。

·你不能给公司做出很大贡献。

·你不真诚。

你要做……

·将面试看成一次对话。

·顺其自然。

·注意沟通和回应，这样你们才能互相了解。

第十三项：不要太随意

"嘿，伙计。"这是一个年轻人在整场面试中对埃里克·札克曼的称呼。

你可以想象得到，札克曼对此会有些不悦。

"我并不指望他说'先生'什么的，但这也太不正式了。"札克曼说道，"你不会在第一次与某人会面时就称呼他们'老兄'或者'伙计'吧。"在面试中更是如此。

如果你这么做了，你一定会"脱颖而出"——只是以一种不好的方式。

你这样做会给人这样的印象：你在其他方面也会极其随意——你穿的衣服（我们将在第五章里详细阐述），以及你不会轻易摘下耳机。就拿一个在面试中戴着 iPod 耳机的男人举例，“握手的时候就对他没什么好印象。”来自阿凡达人力资源管理顾问公司的人力资源优化部门高级副总裁凯文·谢里丹说道。

你觉得他们应该懂这个道理，但甚至是一些主管（首席执行官、首席运营官和首席财务官们）也可能会很随意。你只需要问问猎头公司 Polachi 的共同创办人及合作伙伴查理·波拉奇就知道了，他和月薪 20 多万美元的人一起工作。他举了很多例子，比如主管级别的应聘者们在面试过程中摆弄苹果或黑莓手机，说脏话，骂他们当时的雇主。一些人甚至和面试官分享曾供职公司的机密信息。

这种在面试中随意、不正式的谈话方式，以及对待公司信息和同事的方式会让很多雇主头疼。这不禁让你好奇：为什么会有人这么做？难道就为了让对方喜欢自己吗？

“人们似乎想要你接受他们真实的一面。但也没人让你改变自己的身份或成为别人。”札克曼说道。

人们似乎忘记了这一点：“面试并不是日常生活，而是一次特别的经历。你在面试现场竭力地展现自己时，会让我想了解你在舒适的情况下表现如何。”札克曼说道。

这也使得面试官同样很想知道如果你为他们工作，你的表现会如何。他强调：“当你是一名公司员工时，你代表了这家公司，你所做的一切都是公司整体形象的一部分。”

正如波拉奇说的：“我工作在‘适者生存’的公司里，不能在公司里当老好人。我要确保这些应聘者和我的客户和谐共处，并完成安排给他们的任务。”

你跟某人交流得越多，你就越有可能变得不拘小节，尤其是在撰写邮件的时候。你使用的语言会显得过于友好，你自己可能还没觉察出来，你早已开始用“好啊”这种方式和人打招呼了。请不要这样。

一些雇主说，对这种不正式言行的接受程度（比如“完全不能接受”）因公司而异。“在一些需要直接与客户面对面交流的公司里，高级别的员工要和高级客户会面，这种公司里的主管会很担忧员工表现得太随便。而来自新创建的企业、信息技术行业、媒体行业或技术导向型公司的主管则不会过于担忧，这些公司的员工大多是年轻一代或者‘90 后’。”谢里丹说道。

其他人可能不同意这样的说法，他们认为“无论行业还是年龄都与此无关”。没错，持有这种观点的雇主基本都从事技术行业，年龄 30 岁出头。尽管是在加利福尼亚州工作，他们依然会招募那些很清楚自己在正式工作场合中应如何表现的人。他们会在面试中对此进行评估，面试当然就是一次正式工作会议。

人力资源管理社区对 500 位主管进行了问卷调查。其中，65%的主管认为用语不正式“多少是个问题”，18%认为一旦应聘者表现过于随意，像是在和老朋友聊天，他或她就会被淘汰。

你写信或者写邮件时也是如此。我将在下一章谈到更多细节。

札克曼说道：“让你脱颖而出的应该是你的专业性。这表示你在严肃对待这场面试。”

你不要做……

· 在与雇主会面时表现得过于随意，说不正式的话，把他们当作自己的老朋友。

· 分享公司机密或说不雅的话。

雇主们将得出结论……

· 你不知道应如何专业地表现自己。

· 你在对待同事时不尊重他们。

· 你的判断力可能不好。

· 如果你在面试中这样表现，你在工作中也一定如此。

· 你并不适合公司。

你要做……

· 将面试当作一次正式工作会议。

第十四项：不要忽略或者伪造推荐人

就算在 2007 年乔 · 梅普尔斯通的办公室在你隔壁，并且你参加过他家举办的一次野炊活动，也并不意味着在你的工作和职业生涯中对你鼎力相助。你们在同一家公司里工作了很长时间，他甚至可能对你没什么印象。谁知道呢，或许他一开始就没有那么关注你。

当你才走出大学校门，正在寻求你的第一份工作时，就算巴菲 · 伍德巴顿当时同意做你的推荐人，也并不意味着 10 年之后她依然同意。

你需要关注你的推荐人。要请人们为你担保，想要别人高度赞赏你，那个人必须对你有好印象。你不能一连几年不与潜在的推荐人保持联系，然后突然想让他们做你的推荐人。

这种“关注”包括确保他们拥有能够帮助你的信息，而不是会为你带来不利的信息。

多年以前一位企业家告诉我，他们要雇用一位销售人员。在请一位女应聘者过来参加面试之前，他联系了她的推荐人。

他打电话给其中一位推荐人，对方说道：“她是一个很糟糕的人!”电话那头的推荐人分享了有关这位应聘者性格如何糟糕的更多信息。原来这位应聘者和那个推荐人的丈夫有婚外情。

同时，请确保某人确实愿意成为你的推荐人。

有一次某人给我打来电话（这个人是我工作时认识的，但并不熟），说可能某公司的人要打电话给我。他说：“我把你列为我的推荐人。”但他从来没问我是否愿意。

他并不知道我早在几个月之前就了解到一个事实，他因为撒谎而被上一家公司开除了。我其实并不愿意做他的推荐人。

一旦有人跟你说：“嗯，好的，我乐意做你的推荐人。”但是你寻找推荐人的工作还没结束。这个人有多了解你和你的工作？他或她是否还记得你这么优秀的原因？没错，你需要让推荐人了解到你的最新信息，包括你的教育背景、资质和你目前的职业生涯目标。

所以，请将最新的简历发给每一位推荐人。约好时间和他们一起聊一聊，这样你就能向他们解释自己为什么在找新工作。提醒推荐人你所做过的所有成功的项目和计划。如果你知道哪家公司（或者哪些公司）可能会打电话给他们，请提前告诉他们。在公司打过电话之后，要对每一位推荐人表示感谢。

提供能够担保人的名字固然很重要，但请记住：最糟糕的事情是编造推荐人。

Shelf Genie 的首席执行官艾伦·扬告诉我，他们查不到曾经有一个应聘者的推荐人。应聘者给了他三个推荐人的名字，但是“在多次尝试过后，我们始终无法联系其中的两位推荐人，而第三位推荐人说：‘是的，我认识他，但是他从来没有为我工作过。’我们认为这些推荐人的姓名纯属是编造的。”

对于这位应聘者的行为，我们不再赘述。

请谨慎地对待你的推荐人。因为他们在帮你。我曾听过一家技术公司的首席执行官这样告诉求职者：“你们应该让推荐人将他们方便接电话的时间段发过来。”

真有必要这样吗？

你的推荐人并不为你工作。如果你的雇主要求你提供推荐人的姓名，你可以让推荐人知道这家公司可能会打电话给他们。他们自己会想办法做好推荐工作。

你应该什么时候向未来的雇主提供推荐人信息呢？答案是在他们要求你提供的时候。做事周密的雇主会在和你见面之前就核实你的推荐人。但他们会告诉你他们什么时候需要推荐人的信息。准备好 4~6 个曾与你共事或者你曾为其工作的人的姓名、头衔和联系方式，将这些信息排列整齐并清晰地打印出来，就可以提交了。提交之前，自己再复印一份，面试时随身带着，因为对方有可能要求你现场提供一份推荐人名单。

你不要做……

· 编造推荐人信息。

· 你没有事先征求别人的同意就把推荐人信息上报给公司。

· 期待长时间没有联系的人依然记得你有多么出色。

雇主们将得出结论……

· 你不诚实。

· 你隐瞒了一些事情。

你要做……

· 让你的推荐人了解你的最新信息。

· 感谢他们，并及时跟进推荐工作。

· 要选择这样的人作为你的推荐人：他们了解你和你具有的职业道德，也明白为什么雇主想要录用你。

第十五项：不要在社交媒体上毁了你自己

能促进你职业生涯的最佳因素之一就是网络，同时还有网络提供的诸多信息渠道及人际交流方式。

可能对你的职业生涯造成危害的最糟糕因素之一也是网络，同时还有网络提供的诸多信息渠道及人际交流方式。

这完全取决于你如何使用网络。

问题在于，可以充分利用网络优势的人并不只是你一个。雇主们也在用这些内容来审核你。

究竟有多少雇主会使用社交媒体来调查潜在员工呢？这个数字还有待商榷。一些问卷调查显示，有91%的面试官和人事经理招聘时会在社交媒体上搜索应聘者的有关信息。

只要公司不反对人事经理调查一个人的网络信息［现在尚不清楚招聘中使用诸如“脸书”（Facebook）这样的社交网站来调查应聘者是否合法］，公司有义务搜索一个有潜质的应聘者尽可能多的信息。网络有很多关于你的各种更直观的信息，而这些信息全部都能免费获取。

根据 Career Builder 在 2012 年 4 月对大约 2 300 位人事经理和人力资源部专员进行的问卷调查显示，他们中约有 40%的人事经理会使用社交网络来调查潜在的员工。这些案例中，65%使用脸书来搜集你的信息，63%使用领英，16%使用推特。

他们想找到些什么呢？能透露关于你性格和品质的线索——我们从第一章开始就在谈这两个话题。

确切地说，参与问卷调查的人里有 65%说他们想要看你是否能展现出专业的一面；51%想要看你是否适合他们的企业文化；45%想要更多地了解你具备何种资质。

利用社交媒体来调查应聘者的人中，有 34%都曾找到让自己决定不录用某人的信息。我认为这个比例比以前更高了。他们究竟看到了什么让人不悦的信息呢？

你期望给人留下的印象是否和网上显示的信息一致呢？

最糟糕也是最让人不舒服的东西就是挑逗的或者有伤大雅的照片，喝酒或者吸毒的信息排第二，然后是糟糕的沟通技能，说前任雇主的坏话，或与人种、性别或信仰有关的歧视性语言内容，对自己具有的某种资质撒谎。

若是潜在的雇主在网上看到了你的一些东西并因此拒绝你，他会告诉你那是公司拒绝录用你的原因吗？我看基本不会。社交网络信息对雇主来说如同一座金矿——它比任何传统的个性测试都有用得多。如果你不认同我的观点，你好好再想想吧。

北伊利诺伊大学、埃文斯维尔大学以及奥本大学于2012年进行的一项研究系统地检验了“利用脸书帮助雇主做出招聘决定”的可行性。研究结果刊登在应用心理学期刊上，研究表明一个人会花10分钟左右的时间来查看应聘者的脸书资料，并预测该应聘者会在工作中如何表现。

研究人员通过以下方式得出了这样的结论。首先他们请一位人力资源专员花10分钟的时间看某大学生雇员的脸书资料，包括图片、状态发布、评论、教育背景和兴趣爱好。然后他们会向这位人事专员提出有关该雇员的个性与品质的问题，比如“这个人可靠吗?”“情绪是否稳定?”

六个月之后，研究人员将该大学生的工作表现情况（由其监管人提供）和脸书资料评级进行比较。他们发现，从脸书资料的对该员工的认识与该员工实际的工作表现（比如责任心、是否讨人喜欢和求知欲）高度相关。

这透露出了什么信息？脸书是筛选应聘者过程中的重要工具。

还有一件事也很有趣。在接受了Career Builder问卷调查的雇主中，约30%的人说他们在社交媒体网站上找到了一些让他们愿意录用某人的信息。也就是说，他们找到的东西为求职者带来了优势。

他们找到的“这些东西”体现出应聘者具有很强的专业性、完美的品格、很棒的沟通技能，或者充满创意。在某些情况下，其他人会在社交网站上对这位应聘者进行推荐。

这就在于你能否管理好自己的公共形象。你可以利用社交媒体来推广你的专业技能，让人了解你很专业——但你必须下定决心，使用社交媒体只是为了表现自身的专业素养。这不仅能指导你应该说什么，还能提醒你应该在哪些网站发表评论。

如果你决定利用社交媒体来体现你的专业性，并计划在博客或者其他网站发表评论，请你选择有教育意义的网站，而不是娱乐网站。一位首席执行官曾告诉我，一个员工可以被公司看成是资源或是一个叛逆者。想想你的下一位雇主会更珍惜哪一种员工。

猎头们和首席执行官们一直在网络上寻找有创意的人。这意味着你必须时刻保持警惕。一位信息技术主管告诉我，他会通过各种途径寻找思想创新的人。因此，“请记住你的i上面要画一点，t上面要画一横（即‘请务必注意细节’）——我们一直在观察你。”

明智地使用推特

某些社交媒体因其特有的格式而有可能比其他社交网站更具破坏力。就拿理查德·格雷内尔的职业生涯举例吧，他于2012年4月被总统候选人米特·罗姆尼聘用，作为其在国家安全问题上的专职发言人。格雷内尔和他的推特发文因为“摆事实，讲真话”而广受赞誉。因此，当他的任职被公开宣布时，“他的推特起到了历史般的重要作用。”大卫·韦格尔在*Slate*杂志里写道（2012年4月23日刊）。

“通常在一周的时间里，理查德·格雷内尔可能会发100次推特，引起100次争论。”他写道。当他被聘用并且他的推特成为新闻话题时，他删除了其中800多条推特发文。

“格雷内尔的微博客历史记录从7 577条缩减到6 759条。这简直是一场大屠杀——800多条推特被砍掉了，就为了不让罗姆尼难堪。”韦格尔写道。格雷内尔也关闭了他的个人网站，并为自己发过的“伤人的以及奉承的推文所带来的‘任何伤害’”致歉。

韦格尔引用记者乔纳森·劳赫（此人对格雷内尔有些熟悉）的话说道：“格雷内尔的问题说明‘使用推特浪费了大量时间，这种浪费让人尴尬。它并不是成年人使用的交流媒介——它实际上就是恳求你说出一些简洁、尖刻、愚蠢的话——而外交政策发言人是成熟的人才能从事的工作。’”

明智地使用推特，推特也可以成为提高你名声的体面工具。

你不要做……

·发布有伤大雅的图片。

·说雇主坏话。

·发布有关人种、性别或宗教信仰的歧视性言论。

·对你的资质撒谎。

雇主们将得出结论……

·你在工作中无法表现出专业性。

·你不适合他们的企业文化。

·你的沟通技能很差。

·你不够成熟。

你要做……

·下定决心，利用社交媒体达到自己的专业目的，引导自己说什么以及在哪里说。

·发布的内容要展现出你擅长社交、能与他人和睦共处、有求知欲、多才多艺以及有幽默感等品质。

·寻找合适的地方来展现你的专业技能并建立你的信誉，这会将你打造成你所在领域的一处资源。

这些事情不言而喻（或者，真的是这样吗?）

上面讲的东西似乎很明显，又似乎不太明显。下面再列出一些其他“不要做的事情”，它们也可能很明显或者不够明显。

·*在测试中不要作弊，也不要带着负面情绪参加测试。*测试能够检验智力（你学习和应用知识的能力）、技能（你已经学会做的事）、天资（你学习其他技能的能力）、兴趣（你最喜欢做什么）、态度（你会如何表现，以及你会怎样做事），你如何影响别人和你的思考方式，这或许还能检验出更多东西。

你永远无法确定雇主们是否正在测试你，一些开展测试的人还会记录应聘者在测试中表现如何。他们在观察：这个人看起来是否很沮丧，或者很愤怒？这也是测试的一部分，因为你对测试的反应以及测试内容的准备过程本身就是一次测试。

请谨记以下几个常识性的应考建议：这不仅在于给出正确答案，还在于有正确的态度。面试的雇主们会密切观察你两个方面的表现。

·*不要嚼口香糖或者吃零食。*吃口香糖很让人分心和烦躁，还有，如果你不注意，口香糖可能会从你口里掉出来，这也太尴尬了，对吧？如果面试方为你提供了一杯饮料，那没问题，因为这是另一码事。但你想自带饮料和食品参加面试？绝对不要这样做。

即便你在电话中与对方交谈，也不要咀嚼或吃东西。电话那头的人一定听得出来你是否在吃东西。

·*切忌言行粗鲁，不要咄咄逼人。*现在，与你一起工作的团队成员可能在评价你。我了解到一些公司在招聘前会征求客户的意见，因为招聘进来的员工将直接与客户沟通。我也了解一些人没有得到工作的原因来自于同事、行政助理和董事会成员所给出的意见。所以，你应该谨慎地对待每一个人。

“判断一个人性格的最恰当的标准是：（a）他如何对待不能给他带来任何好处的人，以及（b）他如何对待不能还击他的人。”

——阿比盖尔·范·布伦

·如果是电话面试，请不要使用免提功能，也不要用手机。最好的电话面试场所是一间房门紧闭的安静房间，使用座机，并将听筒贴在耳边。免提功能会让你的声音听起来很遥远，并且感觉你有些分心。手机会使你的声音变得模糊，很难理解。而且与座机相比，手机因故障而被挂断的概率更大。

·面试中不要打开手机。万一手机响了怎么办？你要接吗？一些人真的会接听电话。要知道电话响起就够糟糕了，接电话更是糟糕透顶。

现在，让我们开始了解 15 件你绝对不能提起或谈论的事情。

第四章

你绝对不能谈论或提起的 15 件事

在开始“你绝对不能谈论或提起的 15 件事”这个话题之前，我想提三条基本原则来帮助你完全理解本章的知识点，并让你在实际生活中充分运用它们。

基本原则

1. 从听众的角度来思考

你的听众当然就是雇主。“像雇主一样思考”是最难做的事情，因为你的大脑想的全是你自己在思考的东西，包括如何才能被录用，如何才能保持心情愉快，以及如何才能拿到体面的薪水。你或许还担忧自己能否找到一个有前途的工作，能否在工作之外有自己的生活。更不用说你还会担忧中午吃什么，以及回家的路上会不会堵车这样的事情了。

但你能够也*必须要*站在你雇主的角度思考。还记得第一章里学到的内容吗：要想求职成功，并且拥有一种没有太多焦虑的、更加成功的生活，你就需要*以事物本来的面目作为出发点*，而不是从你认为事务*应该呈现的面目出发*。在这种情况下，你需要从雇主的立场出发，并试图理解他们会对你说的话将要做出何种反应。

现在正好可以回顾一下他们具体想要什么以及关注什么。请查看第一章里的那个清单（“雇主们正在寻找这样的员工”）。

2. 掌握你的内容，然后顺其自然

这里的“内容”指的是你愿意与雇主们分享的任何信息。

· 你的工作经历；
· 你的优势；
· 能够体现你这些优势的过往经历；
· 你的知识面；
· 你怎么解决问题；
· 你为什么离开了你的上一家公司以及再上一家公司；
· 你对工资、工作安排和工作时长这些问题的反应。

任何问题都不会有“完美答案”，这与你之前可能听过的观点完全不同。至于你应该如何组织语言，也没有标准的措辞方式。“掌握你的言语”并不是光靠记忆或者使用精确的词汇，而是明白你自己想要说的话以及你想说明的问题；它意味着你需要彻底了解自己要讲的内容，并且能很顺畅地将它们表达出来，让人感觉你似乎具有这种交流天赋。

当你掌握并充分了解自己打算讲的内容后，你就能进行真正的对话，轻松地和雇主分享各种事例。你可以自己感受这一刻需要讲什么，然后给出你想要分享的细节，让一切顺其自然。

3. “得到一份工作”并非面试的目的

你已经听过这种说法了——我在上一章一开始就提出了这个重要且普遍适用的原则。你之前已将这句话贴在了墙上。它现在依然适用。

你在工作面试中的目标是：*当你尽可能展现自己的同时，请探究这家公司和这个岗位是否适合你，以及你是否适合这家公司*。这个目标也适用于我们将在本章谈到的所有事情。

和“你绝对不能做的 15 件事”一样，在“你绝对不能提起或谈论的 15 件事”中，有一部分内容需要更多的解释。这些原则适用于你在面试前后和面试过程中的邮件来往和对话中。我将它们分为两个部分：“不要谈论”和“不要提起”。当然，我也会讨论应该谈论和提起什么。

现在，我们来关注你绝对不能谈论或者提起的事。

第一项：不要谈论你无法有力支持的观点

你有很好的团队精神——你是这么说的。能讲一下关于这方面更多的内容吗？

“嗯……我想想……”你就光说这些吗？

这不是好兆头。

如果你想在简历或者求职信里提到“自己擅长团队协作”，你最好明白这句话的意思。在面试现场与雇主对话也是如此。

你讲的可能是真的。你可能是全世界最能给予支持，最可靠，最有合作精神，处事最灵活、最有团队奉献精神的人。问题是：你在哪里用怎样的方式做了什么事情来体现出你的高效？这件事的结果是什么？

你说你对工作很热情。好，请向我多提供一些信息。

“嗯……我想想……”你说道。

不会吧？你连这个也要想？“热情”意味着拥有强有力的、能激发自身兴趣的情绪或感受。它表明你有内在动力，对工作非常热情甚至着迷。如果你必须要思考为什么你对工作感到热情，那么或许你对它并不热情。

你说你会是我们团队的宝贵财富？

你能够举一些例子来证明你对过去这些项目做出的贡献以及为什么那些贡献都很棒吗？

……一片安静。

不能提供详细的例子来佐证你对一个项目的贡献以及你在什么方面做出了贡献是一个很大的过失。Adecco 集团致力于职员安置和招聘工作，该公司的区域副总裁坦尼娅·莱恩在招聘员工时会不断审查这一点。

一些应聘者无法详细描述自己解决问题的过程或者如何完成了职责以外的工作。对于他们，莱恩这样形容道：“他们无法清晰表达或者证明自己愿意做什么事，因此也就无法在众多应聘者中脱颖而出。”

一位雇主与我分享了某应聘者来面试公共关系岗位的例子。雇主很想知道她有什么技能。她曾经在大公司里负责一个奖励项目，并把它描述为“巨大的成功”。雇主问她具体做了什么事情使得这个计划如此成功，他们开展了如下的对话：

雇主：“你做了什么？”

应聘者：“你知道的，我让人们了解了这个项目。”

雇主：“你怎么做到的？你发布了相关新闻吗？”

应聘者："是的。"

雇主："你向谁发布了这个新闻？"

应聘者："嗯，你知道的，当然是新闻媒体。"

雇主："你还做了什么？"

应聘者："你知道的，我努力地做这个项目。"

雇主："你具体做了什么？"

应聘者："我打电话给一些人。我参加了一些会议。会议很成功。"

雇主："你为什么说会议很成功呢？"

应聘者："因为与会者都很高兴。"

显然，她既没有仔细思考也没有把握她所讲的内容。

如果你无法清晰地阐述自己真正想要表达的意思，那就不要说。但如果你要说的话很有价值，那就想办法绘声绘色地表达它们。以雇主能够理解的方式来讲述，让你的话简洁而完整，并引起别人的兴趣。然后，准备好讲述更多有关的细节。

除了让雇主看到你的价值以外，你需要拥有每个雇主希望你拥有的核心价值：

· 沟通的技能，能够让别人理解你所讲的内容。

· 能够考虑、分析并总结数据，总结后的结果要对听者有用。

· 灵活的反应能力。

告诉你一些实用的技巧来指导你如何做到这些一定很有帮助，是吧？

那让我们开始吧。

如何让你的发言变得生动有趣

1. 假如一个七岁的小女孩坐在你面前，你如何向她解释你做过的一个复杂的工作或项目？你能否用尽量简洁的语言进行解释呢？

或者请你思考如何用两三句话来总结一项重要成就。

比如说吧，你想要表现出这样的能力：你很了解如何去领导他人，即使在不完美的环境里也能做到。有一个不错的例子：你在去年带领了一个团队，这个团队的成员来自四个不同的专业领域及三个不同的国家。借助这个团队，你及时完成了一个庞大的信息技术项目。

那么你将如何用一两句话来进行总结呢？要求是既要说得清楚，又能让对方听懂。

想简单一点。就像那些出色而古老的句子解析图一样，你将句子分解成主语、谓语、直接宾语，并用形容词来修饰这些成分。听起来可能像这样："我们团队拥有杰出的工程师、律师、营销和信息技术奇才，他们来自欧洲、亚洲和美国。他们每周会面一次以制订本月的计划，启动公司历史上最大的信息技术执行项目，并期望以此带来全新的技术。"

你当然可以更详细地阐述这个项目。观察这场对话将会朝着什么方向进展。如果雇主说道："你怎么做到的呢？"这时你需要分享更多的细节。当然，首先仔细思考你要说什么要点。

2. 为了解释你最近做的事和你完成的项目，以及你的工作如何为公司做出了贡献，请回答这个问题：假如《今日美国》这份报纸正在写一篇关于你过去六个月以来的生活的文章，那么这个文章的题目应该是什么？文章的内容应涉及什么？

一个题目例子可能是："詹姆斯·朱庇特成功执行了公司历史上最大的信息技术项目，为公司带来超过三百万美元的营收。"

如果你还没有在过去的六个月（甚至更长时间内）为任何一家公司做出贡献，那么你的头条就应该是你接受了工作培训来提升自我，学到了所在领域的最新知识，或者是你发现了能够运用到工作中的某种趋势：

"玛丽亚研究了电脑游戏如何能训练病人照顾自己。这种电脑游戏属于健康类游戏，如今已占据了20%的游戏市场。"

给我一些证据

你可能确实拥有无穷智慧，但雇主依然冒了很大的风险来雇用你。他们不想在花费了10 000~30 000美元录用你并培训了你半年之后，发现你当初只是在说大话而已。他们需要证据来证明你的价值。

这个证据需要让他们看到你能解决他们的问题，并让他们感觉"很好，我明白你过去是怎么做这类工作的了，这就是我需要你为我做的。"

你的大多数竞争者没有花时间找出相关的有力证据。而一旦你这样做了，你就会远远地超过他们，并脱颖而出。

你的证据可以是丰富的工作经验，刚刚从学校毕业或者做过很多志愿者工作或无偿工作。你可能觉得很难衡量你所做的事，但一切工作都有一个成果。无论你是帮一家剧院出售入场券，或者运行一个能够协助银行支持资本市场和私人银行业务的软件，都会有最后的成果。

所以，如果你想说“我的优势包括领导他人”，请准备好一两个有说服力的案例来表明你确实能做到这一点。如果对方问起你具体案例，你却没有准备好，吞吞吐吐，并说出这样的话：“我多次领导他人达成工作目标，拥有丰富的经验。”这句话多么没有说服力啊！你听出来了吗？

或者你会和我之前举例的那位试图解释自己如何为某个成功的奖励计划做出贡献的女应聘者一样不善于表达。

她说：“你知道的。我努力做这件事。”“大家都很高兴。”

告诉雇主你擅长什么领域当然很好，但还不够。如果你只给出这样的回复，相当于你需要雇主对你的信任瞬间出现很大的飞跃：让他坚信你很出色，并且想雇用你。我向你保证，你听起来一定没那么出色。

你不要做……

· 在求职信、简历、网络交流和面对面交流中，随意提起具体的项目、知识、经历和个人贡献，除非你能给出很不错并且有吸引力的细节信息。

雇主们将得出结论……

· 你不能完成这个岗位所要求的工作。

· 你在夸大你的工作能力，或者没有诚实地表明自身真实能力。

· 你不理解这份工作的要求。

· 你的沟通并不高效。

你要做……

· 仔细思考你要讲的事情和这件事情的特定情境，然后再解释你做了什么以及你做的方法。比如，如果你要展示自己在一个团队里工作过，请提供一个关于成功团队项目的细节。你们要解决的问题是什么？你对这个项目做出了什么有价值的贡献？你为这个项目带来了什么影响？

· 仔细思考你展现出来的资质。你是优秀的团队成员吗？你能否毫无保留地表达意见，并分享建设性的想法？大家是否都知道你始终能考虑到别人的观点？你与雇主会面之前是否准备充分，是否深思熟虑了“我能做什么才能让公司迈向成功”这个问题？一旦工作出现问题，你是否会主动寻求解决方案，而不是弄清楚问题的责任出在谁身上？

· 仔细审视你在简历、求职信和交谈中声称自己拥有的特质和做过的事情。看看你使用的形容词。你能给出有力证据来支撑它们吗？思考一下声称自己可以负责的项目。你能给出例子吗？

第二项：不要谈论之前对你不好的老板和公司、前夫或前妻，以及各种负面信息

你可能很想将你噩梦般的前雇主、对你不好的人、令人压抑的经济环境，甚至包括驱车来现场面试的途中不得不避开的橙色隔离桩全都一吐为快。但这些内容却并不会对你有任何好处。

一提到对其他人的负面评论（尤其针对你就职的上一家公司），你面前的雇主会这么想："你既然都能这样说他们，那么你以后也会这么说我们。"

这种想法已在AMC电视台2012年的热播剧《广告狂人》里展现得淋漓尽致。故事发生在20世纪60年代中期，广告人唐·德雷柏与道康宁公司主管正在共饮鸡尾酒。德雷柏期望在众多公司主管参加的由美国癌症协会举办的社交晚会里为他的广告公司招揽新业务。他是晚会嘉宾，并且最近因他在《纽约时报》上刊登的一封题为"我戒烟的原因"的信而广受赞誉。

他写的信，也就是一整页的广告，提到他和好彩牌卷烟的长久关系结束后，他感到很宽慰。

"25年多以来，我们致力于兜售一种从未改善过的产品，它导致人们生病，让人们不愉快……当好彩牌卷烟将业务转移到其他地方时，我意识到自己现在能够在夜晚安睡了，因为我推销的产品不再危害我的顾客。"

现在他在癌症协会活动中与道康宁公司主管共饮，这位主管告诉他，将他自己介绍给别的主管纯粹是浪费时间。"他们喜欢你的广告作品。"这位主管说道，"但他们不喜欢你。他们绝不会和你一起工作——尤其是你刊登了那封信之后。你这样反咬一口，别人怎么能信任你？"

德雷柏被这些话怔住了。显然他自己从来没有意识到"你对别人做了什么，你就会对我们做什么"这个规则。

这个规则会使你说当前雇主或之前雇主的坏话，或者做出其他危险的事情。我不管那些雇主对你做了什么。不管他们是不是没有兑现自己的诺言，是否给了你升迁机会或者让你参加你需要的培训，或者你的雇主是不是头等大傻瓜。

当你"反咬一口"并公开地给出负面信息时，你潜在的雇主就该质疑你了。

你过去工作的公司可能对你不好，但你猛烈攻击了曾经付你工资的单位，你面前的雇主一定会这样思考：你的表现反映出你是什么样的人。

你公开的负面信息越多，雇主就越会担忧“你对别人做了什么，你就会对我们做什么”这个规则。潜在的雇主会想：“如果我们雇用他，他有一天就会对着别人说我们的坏话。”

就像前面道康宁公司主管这个角色提到的：他们怎么可能再相信你？

一位雇主告诉我，她曾经故意在面试中提出开放性问题，让人们畅所欲言，这样她就能大致了解这些人的品性。

“我会说，‘告诉我你在上一家公司的工作经历。’如果他们开始谈论负面信息，那就很能说明问题了。我会觉得这种负面观点也会成为他们日后思考和工作的方式和态度。我真的不想让那种人来到我们的工作团队。”

一些人提到这样的负面评论会使雇主们产生这样的怀疑：这个人是否让人讨厌？他们还有多久就会因为一些事情朝我发火？

Advantage Payroll Services 公司的罗伯·巴索提到，当人们在面试中猛烈抨击他们的老板时，“你必须假定他们之前是在很不愉快的情况下离职，而且他们会在未来以同样的方式离开。”

我很能理解你需要发泄对同事的不满。他们可能很讨人厌。我也理解你需要发泄对老板的不满。一半的人来我这里评价他们的老板时，抱怨了一大堆他们老板做过的所有愚蠢的事情。

我不是说雇主们其实并没有做值得你生气的事情，因为很多雇主确实做了，但是过去的已经过去了。你也最好不要在面试中提起这些事情，以免面试过程变得不顺利。这都是为你考虑。在人力资源管理社区于 2009 年开展的调查显示，有 95%的雇主认为应聘者说前任雇主的坏话多少是个问题，或者将直接导致被淘汰；也有 95%的雇主认为应聘者对上一次工作或者实习工作进行负面评论多少是个问题，可能导致直接被淘汰。

如果你辞掉上一份工作时的心情并不太愉快，你需要仔细思考如何来讲述这个情况，并确保不会表现出有关“不和睦的工作关系”的危险细节。所以你就不要再提到你过去不得不忍受的如原始人一般的傻瓜老板。要避免说到下面的话——这些都是人们真实的回复：

“我们公司真是蠢到家了，居然解散了我们整个部门。”

“公司并不欣赏我，也不听我的意见。他们要是听了，这件事就不会发生。”

“那个公司只关心赚钱，从不关心忠诚而辛苦工作的人。”

有一个更好的办法能让你顺利进入新公司。在别人问你“为什么离开上一家公司”这个问题之前，你可以想出一个合理的解释，并巧妙地使用更好的措辞作答。

“我在过去的15年里就职于S. J. Mathers公司，我很喜欢这个工作。但就跟如今的很多公司一样，这家公司因为受到经济危机的影响而进行了裁员。不幸的是，我所在的部门受到了影响。”

我非常建议你尽快排解掉心中的各种痛苦，因为这些痛苦会伤害到你。你可以向自己亲近的人抱怨，因为他们不会反驳，并能让你一直地讲让你生气的事情。尽情发泄吧，直到你听烦了自己的抱怨为止。

如果你不解决内心的坏情绪，你或许认为自己可以将它们隐藏起来。但在面试中，雇主们会从你对前任雇主的描述中听出带有讽刺意味的只言片语。这会让他们感到好奇：“这人怎么了？”

解决痛苦后，你也会意识到，失去一份工作并不是致命伤。经受了挫折的你会将自己打造成全新的、更有价值的人。当今的人们一定会理解这一点。

总的来讲，提起任何负面信息都是不明智的行为。来自罗致恒富（Robert Half International）公司的高级区域总裁凯瑟琳·斯宾塞·李认为这是求职者犯下的最严重的问题之一。

她指出，“人们抱怨开车来面试时交通状况很糟糕，而如果他们得到这份工作，就必须每天那样上下班”。当一个开车来面试高级会计职位的应聘者抱怨这一路的交通时，她会怀疑：如果雇用这个人，他愿意留在岗位上还是马上会找新工作？

她还说道，主管们想要雇用能愉快地与之一起工作的人，而消极态度绝不是吸引人的特质。

即使面试官故意引诱你，你也不要上钩。迈克尔是我曾经采访过的一位前电视制作人和新闻节目主播。他还记得，在发泄了对前雇主的不满以后，就丢掉了工作机会。在面试的中间环节，电视台的总经理问他为什么想要换工作。

“一开始，我只是说我在以前的公司干得不开心。”他说道。然后经理问他为什么。

“哦，原因太多了。”迈克尔回答道。但是面试官只是坐在那儿，没有接话，于是一片安静。

所以迈克尔继续讲他不喜欢的东西，从公司最顶层（他的老板）开始说起。

“我从来不会隐瞒自己的感受，所以我毫无保留地将我的感受告诉了他。在我说完我对老板的看法以后，我的心里面似乎有个小东西在逗趣地挠我的痒痒。有些东西似乎出错了。面试气氛中的热忱和亲切已失去了大半。”

第二天迈克尔回到公司上班，他的老板跟他说：“我知道你昨天跟某某谈过了。你得知道，他是我的一个好朋友。”

迈克尔没有得到新工作。同时，他目前的工作状况也变得糟糕。他的职位从新闻节目主管和夜间栏目主播降到了夜间栏目记者，几乎无事可做。“六个月之后我离职了。我当初真应该管好自己的嘴巴。”他说道。

他的建议：“绝对不要谈起别的人，尤其是你现在的雇主，或者任何一个前雇主。”

你不要做……

·对于你之前或者目前的雇主给出负面的观点和评价，或者批评公司开展业务的方式。

雇主们将得出结论……

·你的态度不利于公司发展，不利于鼓舞公司士气。

·你不适合来公司工作。

你要做……

·仔细思考你要如何回答对方可能提出的“你为什么离开上一家公司”这种棘手问题。回答要基于事实。

·在和雇主交流之前，放下你内心的任何怨恨。

·总的来说，不要向面试官提供任何负面信息或者抱怨。

第三项：不要谈论工资、额外收入以及其他“你会为我做什么”的内容

“如果某个人提出的第一个问题是‘我们会有多少的带薪休假?’，这个面试基本上就可以结束了。”ShelfGenie 的首席执行官艾伦·扬说道。

还有其他让人扫兴的问题（尤其在第一场面试是或者对话时），比如这些：我一周需要工作多长时间（有报酬的工作）？公司是否免费提供咖啡？

对于罗伯·巴索来说，这个问题也很扫兴：你们将提供多少天的病假？

“这把我逼疯了。”他说道——尤其是一个应聘者在面试的前五分钟里就提出这个问题。还有这样的问题：公司里有没有可以吸烟的区域？“我很难忽略掉这种问题。”

而“这个岗位能给我带来什么好处”系列问题中，最让雇主反感的是跟钱有关的问题。所以请你不要问“这份工作的工资是多少”。

至于你为什么不能讨论薪资和其他有关额外津贴和福利的问题，有两个主要的理由。只有时机成熟时才能讨论（稍后我会马上讲到这一点）。

第一，薪资并不是（或者“不应该是”）你优先考虑的事情。

没错，你需要认真思考：你参加工作只是为了拿工资吗？即便这个工作让你不开心，让你不舒服，你也愿意吗？我有一些客户，他们虽然工资丰厚，但依然活得不开心或者感到沮丧；后来他们为了找回心灵的平静，找回与家人共处的时间，或者为了挽回他们的婚姻而放弃了工作。

因此，我们应该在适当的时机再提钱的事，这是为了你好。如果你想找到工作中让自己比较满意的地方，你就必须喜欢你做的工作，融入适合你的企业文化和环境里，为一家你信赖的公司工作，最后，你的奉献就能获得公平的报酬。

在第一次面试或者时机不够成熟的时候提钱的事情，对方会认为你将它作为了优先考虑的事情。为自己的长远利益考虑，你应该优先考虑工作职责、工作地点以及你如何为公司做贡献。

若你优先考虑工资问题，你也在向雇主表达这层含义：你最关注的事情是“这家公司能为我带来什么”。公司运营的目的并不是为了要给你带来好处和利益。而且，正如多位雇主指出的，这种态度会让面试立即终止。

第二，公司可能将薪资作为了一种筛选工具。雇主会想，这个人的薪资要求是不是太高了？或者太低了（因此资质达不到要求）？如果是其中任何一种情况，那么公司将不再继续浪费时间。所以，如果你谈到工资，并表现得工资对你来说太高或太低，那么雇主可能不会再去了解你多么出色就直接淘汰你。而且，如果太早谈工资，你也将失去协商的机会。因此，你首先要做的是在雇主面前展现出你的价值。

那么谈工资的最佳时机是什么时候呢？在公司同意录用你之后（这也意味着你已经在雇主面前展现了自身的价值）。

没错，雇主在录用你之前可能会提出工资的问题。你可能会被问到“你期望的薪资是多少”。此时，这样的回复就会派上用场：

“工资的确是一个重要方面，但不是我优先考虑的事。我最关心的是我能否在这里做出一些成就来，所以现在我们没法给你确切的回答。我认为，在决定录用我之后再讨论工资事宜比较合理。”

说这样的话也会强化雇主所认同的最重要的品质——你关注自己如何能为公司做出贡献。

对于询问工资的人，巴索提道：“这告诉我他们将工作收入放在了第一位，而将自己对工作的兴趣和长远的发展放在了第二位。”（这也是第一章列表中的第5条和第9条）

你还记得Yammer公司的招聘主管乔·张说过的话吗？“雇主们会寻找你身上是否有公司想要的特质”。他说，拥有这些特质的应聘者更愿意多去了解所应聘的公司及其公司文化。

“他们问我在Yammer工作感觉如何——而不是问薪水和福利。他们最关心的是自己能否为公司带来价值。”乔·张说道。（这也是列表中的第15条）

这也是你应该考虑的事情——谈论自己的技能、知识、对工作的热情、为公司带来贡献的例子，以及你将如何为这家公司带来价值。这些信息才会树立起你的价值。

不要提出“你能为我做什么”这样的要求

当你找到一份工作后，你也要言行谨慎，防止自己不慎提出可能不合适的要求。探索工作中可能的选择无可厚非，但关键是你要如何处理它。下面是一位求职者处理得很糟糕的例子。

一家小公司的雇主正在研究如何招募第一位员工。这位应聘者自愿为公司做一个项目，这样雇主就能测试他的工作能力。当雇主询问他对工资的期望时，他回答：“我会回复你。”一周以后，雇主收到了他发来的邮件，里面包含的内容远不止“理想工资”这一项，而是整整10个条件。

第一个条件：为他之前无偿做的工作付费。第二则是他所希望的支付工资的方式：每周或半个月支付一次，“每个周期结束后支付，使用当地银行的支票或者电子转账。”

另一个条件：允许将本公司以雇主的身份列在他的简历中，“而不提及雇佣合同条款”。

同时，他的职位需包含“软件开发主管”，即使他并不管理任何事或任何人。其他条件包括现场工作“每周不少于 40 个小时”，不包括国家法定节假日和州选举日。

最要命的一条：“公司需要雇佣合同生效起 30 日内向我提供一封不错的推荐信，并且在我的领英主页上留下好评，表明公司对我的工作表现很满意。”

“我们只想知道他的期望工资。”这位雇主说道，“但他却回复了这些不可理喻的条件。他是要让我说谎，在他的个人简历和领英主页里写上他在我们公司的岗位头衔和工作描述，而这些内容根本不属实。”

“万一 30 天之后他变得懒散怎么办呢？到那时他已经得到了他想要的东西——将我们公司的名字放在他的简历上。他整个邮件的语气完全就是‘我在利用你们。’”

“我理解在雇用过程中双方会互相让步，但有些求职者的要求似乎有些过分了。他希望和我串通一气做一些我觉得不对的事情。”

从你个人的观点来看，没错，你可以向潜在的雇主提需求，并分享你的意见。但绝不是像上面这个求职者那样。

应聘者所需要做的就是提出正确的问题以让自己更好地了解公司对他的期望。

“你只要问我们：‘这个工作的职责是什么？要求工作多长时间？’”雇主说道。然后对此进行协商，找到一个让大家都满意的解决方案。

可惜并不是每个人都采取了这样的方式。就像上面例子中的这位雇主以为应聘者满足了自己的招聘需求，结果应聘者的后续动作改变了一切。

“现在，我们绝对不会再聘用他。”她说道。

你的求职理念应该是这样：不要问公司能为你做什么，而是你能为公司做什么。心中一旦拥有这个理念，你就不会在面试中提出很自私的问题了。

如果你想拥有一个互惠互利的关系，那么你所提出的正确问题会将这一点清楚地表现出来。

这些问题包括：这个工作的重要职责是什么？我会遇到以及需要解决什么样的问题？你们对这个岗位的员工有什么期望？（若想查看更多正确的问题范例，请回顾第三章的第七项内容“不要表现得漠不关心、反应迟钝或者对任何事都毫无兴趣”。)

你提问的方式和问题本身同等重要

比如，你很想知道这家公司如何对待它的员工。或者公司是否信任员工能够尽自己最大的努力做到最好。你如何来找到答案呢?

很多人会直接出这样的问题：“你们公司如何对待员工?”

但有的雇主可能会很好奇你为什么会提这个问题。是你的上一份工作让你受委屈了吗? 还是你对新雇主在员工待遇这一方面有什么期待?

如果你想和雇主回到互利互惠的关系上，一个更合适的问题应该是：“贵公司的员工如何能融入公司，并达成公司的长远目标?”或者“你们的管理理念是什么?”“公司的领导风格和价值取向是什么?”

不要问“你们在什么情况下会涨工资以及提拔员工?”，而是尝试问“你们如何评价员工表现?”后者表现出你会关注自身的不断成长，并认为自己目前还没有资格涨工资或者提拔职位。

我有一位客户，她想确保公司在招聘和培训女员工方面持开放的态度。她本打算这样问：“贵公司的董事会或者高级管理层有多少位女性?”

我建议修改个别措辞，可以这么说：“贵公司的女员工会有什么样的发展?”

在你提问之前，想想你的问题是否会让对方进入自我防卫状态。

另外一位客户告诉我他在面试中的一次经历，在面试结束之前，一切都很顺利，最后面试官问道：“你还有什么问题吗?”

因为这位客户之前工作的地方与这家公司同在一个行业，她说道：“在我所了解的这个行业圈子里，我对贵公司并不是特别熟悉。似乎你们没有与别的公司建立太多关系网。你们会改变这一点吗?”

她后来发现这个问题算是毁了她。面试官将她的问题看成是了对公司的批评，而这很不利于你与这位可能成为你新上司的面试官之间的交流。

如果你想了解公司文化（人们如何交流和对待彼此；公司总体运营的重要目标和态度）以及管理层的想法，就请试着提出这些问题：“你们是否鼓励员工发挥自身创意?”“想要在贵公司取得成功，需要怎么做?”“你们的客户服务理念是什么?”“想出并尝试新方法，这一点有多重要?”

你不要做……

· 在你被录用之前，问到工资、福利和其他关于自身利益的问题。

· 提出任何要求。

雇主们将得出结论……

· 你很难相处。

· 你只关心工资和你得到的好处。

你要做……

· 提出适当的问题，以便更好地理解公司对员工的期望。

· 巧妙地避开有关工资的问题，然后将对话的重点放在工作本身。

· 提出适当的问题，以便与雇主形成互惠互利的关系。

“如果你在面试一开始就问到‘每天的工作时间有多长’或‘我每天需要几点到达工作地点’，那么你的面试过程不会很顺利。”

——坦妮娅·莱恩，Adecco集团的区域副总裁

第四项：不要谈论过多的个人信息

你想和你潜在的新上司套近乎，这完全可以理解。但不要和对方谈得过于亲密，比如透露你的个人问题、情感生活、政治观念、宗教信仰以及你只和密友分享的信息。

这包括有关你不稳定婚姻的细节信息；因沮丧而大发牢骚；有关病重的孩子、宠物或母亲的伤心事；车子坏了；或者配偶的工作环境很糟。

那你为什么还想去面试？为了和雇主建立亲密关系？你想让别人因为同情你而聘用你吗？肯定不会，这只会造成完全相反的效果。

一位女应聘者在与埃里克·札克曼的会面中滔滔不绝地谈了20分钟的个人问题，之后札克曼给出的结论是：一定不能录用她。这也是我想要提醒你的一点。

除了表现出错误的态度以及不符合工作要求以外，她的行为表现出糟糕的判断力以及非专业性。札克曼和大多数雇主一样在寻找成熟的员工，这样的员工“很清楚自己的专业性应该达到什么水平”。

如果一个人在到岗之前无法将个人问题留在公司门外，那么雇主会怀疑：这个人是否足够成熟？

另外一位雇主向我提到，他曾经面试的一个人谈起了他和他男朋友的一次旅行。

“他讲的内容和我们在面试中讨论的事情完全不沾边。”这位雇主说道，“我

猜他是想让我明白他是同性恋，可是我根本不在乎他的性取向。但他在面试中提起这些事情让我开始质疑他是不是一开始就毫无判断力。他会不会觉得他未来的客户也需要知道他的性取向？有一些人恐怕还没有那么开明的思想。”

札克曼回忆起一个申请公共关系岗位的人在面试中“谈到她如何能代表皮草行业的客户”。札克曼对此有一些看法，并补充道：最好不要“将一些可能与某人的信念相左的观点摆到桌面上”。

札克曼指出：“参加一场面试并不是进行一次心理治疗。”你也不能在面试中谈论与未来的工作和自身资质无关的任何事情。

你是否还记得第三章里我们提到了“不要表现得迫不及待”。即使你身处水深火热之中，雇主们也不会因为你的需求而雇用你。他们只会因为你能很好地解决他们的问题而雇用你。当你分享了太多的信息时——尤其是个人信息——你不会被看作是能够解决他们问题的人；相反，如果你被录用了，你本身就会成为一个问题。

你不要做……

· 讨论与你的工作资质毫无关系的个人私事。

· 谈论政治、宗教或者你的身体健康状况。

· 谈论你为什么需要这份工作，比如：“我很需要这份工作，因为我的丈夫失业了，我们没有了医疗保险，这使得我们的婚姻关系变得紧张。我们已经在咨询心理医生，但我们有时还是会吵架。”

雇主们将得出结论……

· 你的个人生活真是糟透了，实在不值得信任。

· 你过于情绪化。

· 你缺少必要的判断力，你的专业性无法达到要求。

· 你不成熟。

你要做……

· 在面试中关注你的自身资质。

第五项：不要谈论你脑袋里突然想到的与面试无关的事，或者其他愚蠢的事

这样的言论会以各种各样的形式出现。

一位求职者告诉我他在面试中这样回复了一句，接着立刻就后悔了。事情是这样，当他被问到为什么来申请这份工作时，他回答道："我想结交一些朋友。"

"我说出口的一刹那，我就知道这话不应该说，只是当时我的脑海里突然就有了这个答案。"

再看埃里克·札克曼的一个例子。他在面试一位申请办公室主任一职的女应聘者时，提出了一个老掉牙但十分经典的问题：五至十年内，你有什么长远计划？

"到那个时候，我想我已经开了一家诊所。"她回答道。

什么?！他诧异道。你想成为医生？

"那么你来这里做什么呢？"他问道。

"她的回答向我表明了这份工作对她来讲只是一份工作而已，并不是她所关心的事业。而我们需要的是真正想来这里工作的人。"

一位来自大学的营销主管给我讲述了他的经历。面试一直进行得很顺利，但是到最后"我送这位应聘者离开的时候，她的问题让我有些吃惊：她问我这个工作的具体办公地点在哪个位置。我为她指了一下，但觉得她提的这个问题并不合适。这就是我们的第一次面试情况。在哪里办公跟工作内容有什么关系吗？我并不是要找特别完美的人，但你需要根据自身所在的环境做出合适的反应。她提的问题表明了她缺乏判断力。"

另外，有的应聘者会分享一些无关信息。上面例子中的雇主继续说道："我问一些人他们对这个岗位感兴趣的原因，他们这样回答：'我的家人、未婚夫或者孩子都住在这座城市。'这让我不得不停下来思考，与其说他们对工作感兴趣，还不如说他们对搬家感兴趣。"

这些情况为什么会发生呢？

有时候，应聘者只是自己没有意识到这一点，或者没有考虑自己说那些话的后果。罪魁祸首可能是面试过程中产生的压力或者也可能是更深层次的东西。

下面以某场新商务会议（这与工作面试没有太大区别）为例来说明这个"更深层次的东西"是什么。一位男士告诉我，他曾与上司以及一位潜在新客户进行了会面，这位客户定居于离这里几小时车程的一个城市。当这位潜在客户提到他们之间较远的距离可能是不利因素时，上司脱口而出："别担心，我们坐西科斯基（美国著名飞机和直升机品牌）15分钟就到了。"

他提到了目前最先进的西科斯基直升机，但他并没有这款直升机，也没有途径使用它。

一家诊所的社会服务人员黛博拉·史密斯·布莱克默认为，他的回复可能表明了自己只是一厢情愿地幻想自己能满足客户的任何需求。他可能会为了达到目的不顾一切，因此凭空捏造事实，“就因为一时冲动想要解决目前的棘手情况”。

有时候，“似乎我们的大脑没有对所想的东西进行过滤就直接脱口而出了。”BJ·加拉格尔说道。加拉格尔著有《为什么我不去做那些我明知道对自己有好处的事情?》一书（Berkley Trade 出版社，2009 年）。

你需要多训练自己，让自己不那么冲动——“毫不夸张地说，这确实需要训练。”史密斯·布莱克默说道。放慢节奏，从 1 数到 5，给自己一个喘息的机会，思考自己将如何给出观点。

你不要做……

· 将头脑里突然想到的事情脱口而出。

· 分享无关信息。

· 与雇主过于亲密。

雇主将得出结论……

· 你对工作其实并不十分感兴趣。

· 你判断力不强。

你要做……

· 放慢节奏，想想自己要说的话会如何影响听者。

第六项：不要在求职信和简历中说一些矫揉造作的话或者提及不专业或无关的信息

有的人会在求职信里附上名人名言和诗歌，这简直要把埃里克·札克曼逼疯了。他指着一封以罗伯特·弗罗斯特的诗做开头的求职信，这首诗已被拙劣地改编成了一小段粗制滥造的散文：

“一片树林里分出两条路，而我选择了人迹更少的一条，这从此就决定了我一生的道路。”

这位“散文作者”继续说道：“我的职业生涯从来都不是一帆风顺的，但却是正确的。这使得我……”札克曼记不清后面写了什么，因为他实在无法继续读下去。

在读这类求职信的时候，“我就想知道，‘你到底想说明什么？你是谁？我们能说正经事吗？我很喜欢罗伯特·弗罗斯特，但你究竟为什么要写这样的求职信呢？我会用 30 秒的时间看你的求职信，而你却要浪费这 30 秒的机会，让我阅读一首诗？’我读一份简历也只会花这么多时间，基本上就是瞥一眼。你得想办法让我从中看到你的价值。”

另一封求职信的开头这样写道：“此时此刻，我们怀着感恩的心，与朋友和家人愉快地度过珍贵的时光。”下一句话则是：“我有六年的工作经验。”

“开头的那一句没有任何意义。”札克曼指出。

他更愿意看到一封包含以下三个要点的求职信：

1. 您好，我非常高兴地看到贵公司是致力于某一领域的公司。

2. 我注意到贵公司的招聘简章里写到，你们需要拥有某种工作经验和技能的人。

3. 我之前正好一直从事着某某工作。我将详细阐述自己如何能为贵公司带来价值。

“用一些能体现出自己可爱一面的语言，或者在文字方面特别有创意，或者变得独一无二，这些似乎都是撰写简历的好主意。”他说道，“或者写一些完全出格的东西、设计一个疯狂的简历样式来吸引雇主的注意。但是吸引别人的注意不一定总是好事。”

选择能够达到目的的语言

威廉·H. 加斯著有《无期徒刑》（*Life Sentences*，非小说类文学作品，2012 年出版）一书，内容围绕写作风格和散文展开。评论家亚当·柯什在《纽约时报》上发表了书评：“修辞学的其中一点就是选择合适的语言来达到作者的某个特定目的：有时候需要‘烟花’一般的效果，而有时候用‘火柴’就可以。”（2012 年 1 月 20 日刊）

你会如何写出一封充满朝气的求职信来提高你顺利求职的概率？

请将你的求职信想象成通往一个房间的大门，而门厅会给人们留下第一印象并定下基调。你试图通过这个大门走进雇主的生活。他们会对你形成第一印象，并决定是否让你继续前行。

除了诗歌以外，还有什么也毫无用处呢?

有一封看起来像是12岁的孩子写的邮件，请看这个真实的例子："嘿！我去浏览了你们的网站，我不确定你们有没有要招人的岗位。有什么好的工作可以给我吗?"

还有开头写得十分糟糕的邮件或信件，比如另一个真实的例子："嗨！你们最近好吗?"

还有求职者在一开始就在求职信中告诉雇主自己有多么出色。

"大部分人都这么写，从头到尾都在夸自己。"一位雇主告诉我，"他们滔滔不绝地描述自己拥有这样的教育背景和那样的学位，以及他们在寻找怎样的工作机会。"

"内容必须要吸引我。"每周大约会收到3封求职信（多是邮件）的一位雇主如是说，"要让我感到很激动，这样我就会继续读下去，并感觉你确实有两把刷子。"

为了写出这种水准的求职信，你必须摒弃"我应该写一封求职信"这种想法，因为这种想法只会导致你的求职信内容呆板，枯燥无味，让人激动不起来，而你以前恰恰就认为自己"应该"这样写。相反，你要下定决心抓住阅读者的兴趣。当你坐下来写的时候，脑海里想着这一点："我将吸引你的注意，让你读完整篇求职信，直到最后一个词为止。"

你还记得雇主曾说过的话吗："大多数人一开始就告诉我他们有多么出色。"而这样的求职信并不能赢得他的喝彩。

相反，你需要将雇主和他的公司作为求职信第一段的主要内容。

没错，一封优秀的求职信就是这么简单。下面讲讲你应该怎么做。用这样的话开头："我在某某新闻报道里看到贵公司……"或者"我看到贵公司正在寻求一位拥有丰富资源和经验的主管，要求能够监管某某日常事务。我希望能和你们面谈。"

在下一个段落，以及之后的段落中，脑子里始终想到雇主的立场，并思考：我需要分享什么信息来证明我确实能够提高你们的生活和业务水平?

记住：这不是关乎你自己，而是关乎他们。

你不要做……

· 求职信和简历里提及无关信息，浪费雇主的时间和注意力。

雇主将得出结论……

· 你不理解他们优先考虑的事情。

· 你对他们一无所知。

· 你办事不够高效。

你要做……

· 思考雇主们此时会想着什么，并立刻在你的信件中提到相应内容。

· 第一行字就要吸引他们，使他们有兴趣继续读下去，一直读到末尾，以让他们了解你将如何帮助他们。

第七项：不要说“我有很好的人际技能”

再没有什么比“我人缘好”或者“我有很好的人际技能”这样的话更能让雇主明亮而充满希望的双眼瞬间变得模糊而毫无生气了。

你可能确实喜欢和人打交道，与别人能很好地相处，也喜欢和顾客和客户交流。但也请你不要说“我人缘好”。

为什么呢？因为每个人都会说“我人缘好”或者“我有很好的人际技能”（很多人或许都没有资格说这一点）。所以这些话毫无意义。

“我迫不及待地想要结束这场对话，即使我们刚开始聊没多久。”一位雇主在面试完一个人之后告诉我，“这位女应聘者犯下了我每天都会看到的错误。我让她描述一下自己，她就将之前准备好的自身所有优点和‘我人缘好’这样的废话全部背了出来。多么想我的电话能马上响起，这样我就能借机结束这场面试。”

你为什么要说你是个“人缘好的人”？因为你觉得你有必要说？这是“他们”想听的吗？或者是你申请的工作特别说明了你要和别人打交道？

那么哪个工作不需要和人打交道呢？无论你是做三明治还是做软件，制作税务清单或者发起一次宣传活动，你始终在与别人交流。每一天你都有所收获，寻求他人帮助，或者就某事给出反馈。无论你在什么领域，你所处的公司规模如何，无论你的工作对象是人、产品还是想法，无论你是 25 岁还是 55 岁，你都需要与人共处。谁不希望拥有人缘好的员工？

如果这确实是你最大的优势，为什么不将这个优势说得更强大一些，并且与雇主相联系？解释你要表达的意思。

始终记住，你“人缘好”并不代表你是地球上最和蔼可亲、最擅长社交的人。想想你是做了什么才会让工作如此高效。你将使用合适的语言来解释这个问题。

是你口头或笔头表达的方式让顾客、客户和其他人能够理解你的意思吗？你是否和他们交流得足够频繁，这样他们就不会感觉自己被晾在一边？

你是否能高效解决来自顾客、客户和同事的问题，并且不会朝着对方大吼大叫？你是否知道如何能让对方理解你的话，同时保持你们之间的友好关系？你是否讨人喜欢、和善、受尊敬，并且能为别人着想？你是否让人们感觉舒适，并能很快与他们建立信任关系？

这些都是所谓的“人缘好的人”能够做好的事。

不要说“我人缘好”，而应该说一些类似下面的话：“我很擅长与他人一起工作。我能对他人的需求保持敏感。我能设身处地为他人着想，并能很好地聆听他人意见。因此，当对方变得有些情绪化时，我能让彼此都冷静下来，然后继续解决问题。”

当你描述得更具体、更清晰时，听起来你似乎很了解自己——也很清楚自己的价值在哪里。雇主们喜欢听到这些内容。他们想聘用能做到这一点的人（第一章列表的第 12 条和第 16 条就提到了这些内容）。

或者试试这一句：“我喜欢与顾客建立友好关系。我很想了解他们并与之建立信任，所以我会花时间与他们面对面交流，以便更深入地了解他们的问题。”

一旦明白了“我人缘好”这句话对你意味着什么，你就能对此详细阐述，使它更具有可信度。

你其实还能说得更好。下面是每一位雇主都希望看到的、表明你拥有这个优秀品质的最佳方式：只需要向雇主们展示你将如何与他们相处。记住：你看起来是什么样，你就是什么样。所以，请你在与雇主们打交道时，对他们的需求保持敏感。在你写一封邮件、说一句话或者在信纸上写下一个字时，想想这些内容将如何打动他们。想想他们会怎么看这些内容。你还需要说什么才能表现你的专业性？你是否对他们以及整个面试过程中遇到的其他人保持尊敬？

是的。做到这一点甚至做得更多、更细，你就会让他们明白你确实是个“人缘好”的人。

你不要做……

· 使用“我人缘好”这样的陈词滥调。

雇主们将得出结论……

·你只是听别人说这是一句好话。

·你并不能脱颖而出。

·你可能甚至都不明白这话是什么意思。

你要做……

·向雇主表明你确实能够有效地与人交流，因为你能够认识并把握人们的真实面目，人类是充满各种情绪的动物。预估你的言行会如何感染他们，以及会让他们有怎样的感觉。

·理解你所说的“人缘好”的含义并落实到能详细描述你个人技能的文字上。

第八项：不要说“那不是问题”

大多数工作面试可能都会有让人不太舒服的问题。有的问题甚至会让应聘者内心犯嘀咕：“这问题和工作有什么关系吗?”其他时候，面试官会说一些或者影射一些你认为完全不是问题的事情。但它们对于雇主或者公司来说则有可能存在问题。

它们可能是类似问题：

·你一直在非营利机构做事，而现在这份工作则是以营利为目的的企业所提供的。

·你已经习惯了在快节奏的工作环境里管理下属，并担负更多的责任。他们担心你来这里工作迟早会感到无聊。

再次说明，它可能对于你来说不是问题，但对雇主则是个问题。对于这样的担忧，你会如何回复？你可能在作答时因为紧张而扭动；带着愤怒作答；巧妙地躲避这个问题；采取自我防卫姿态说很多话来试图冲淡对方的担忧；或者就说一句：“这根本不是问题。”

很多人都会说最后那句。但问题是，这个回答并没有让雇主脑子里的担忧完全消失。你光凭一句“这不是问题”无法让面试官放心地认为这确实不是问题。另外，你错过了向雇主展示你会如何处理潜在棘手情况的绝好机会。

与第三章里我们讨论的潜在反对意见不同，你需要巧妙地解决雇主所表现出的任何明显的或暗含的担忧。

我们来看一个例子。

琳达曾经当了15年的教师，现在她来面试“职业顾问”一职。雇主们有如下担忧：

· 在学校待了那么久，她可能对企业缺乏了解。

· 她可能无法有效地和成年人沟通。

· 她可能过于强调理论，而忽略实际。

一位面试官说道：“但是你没有任何与专业领域的成年人共事的经验，因为你的整个职业生涯都在教育行业度过的。”下面是琳达的回复：

“我明白为什么你们可能会担忧这一点。我想讲一点我的背景，以及为什么我不认为这些因素会妨碍工作，这样可能会帮助你们消除疑虑。”

雇主愿意听这些内容。所以她继续阐述道：

“除了教书15年之外，我还开展了一个培训项目来帮助公司主管更加有效地沟通。在夏季，作为顾问，我与几十位来自《财富》500强企业和小型企业的首席执行官和高管共事。我也在医疗保健、金融服务业、制造业和政府配置领域开展研讨会。因此，我很了解人们在企业的日常工作中会遇到哪些问题，也很了解企业领域里的各种组织。”

听起来很棒，是吧？她不仅减轻了面试官的担忧，而且她说话的方式能够让你喜欢她。她怎么做到的呢？

首先，她承认雇主的担忧不无道理。然后她让雇主不再对此担忧。她主要说了两件事：

1. 我听明白你的意思了。

大多数人会说：“但是我确实有这方面的工作经验……”而一旦你主动承认了雇主的担忧，你几乎就能听到对方舒了一口气。这有助于你们继续交流。

你也可以说：“您可否告诉我，您有哪些担忧？”这可以让雇主告诉你他具体担忧的事情，于是你也能够了解对方真实的想法。

2. 我们来解决这件事。

现在你已了解雇主的担忧或者雇主为什么会有这些担忧，你就能纠正这些误解或者补充说明一些他尚且不知道的事。

哈佛大学教授托德·罗杰斯和迈克尔·诺顿在《实验心理学期刊》（2011年5月刊）里指出，当说话人巧妙地躲避对方的问题时，听者未必能听出这些“躲避”的痕迹。他们认为，因为听者的注意力“放在了社会评价的某个目的上（比如：‘我喜欢这个人吗?’）。”

戴尔·卡耐基在他的小册子《如何让我们的听众喜欢我们》（由戴尔·卡耐基与同事共同创作，1959 年初版，1962 年再版）里的“规则 6”中提到：“如果我们一天到晚愁眉苦脸，谴责他人，我们就不可能交到朋友。”他还补充道：“昆体良（古罗马修辞学家和教师）在 1 900 年前就教导学生：‘冒犯别人耳朵的话一定不会轻易到达别人心里去。’”

你不要做……

·通过暗示或直接说“那不是问题”来试图消除雇主的疑虑，这只会让疑虑继续烦扰他们。

雇主们将得出结论……

·你迫不及待想得到工作。

·你在隐瞒一些东西。

·你无法处理好某些敏感的问题。

·你没有他们需要的品质。

你要做……

·将雇主的疑虑看作是一个展现自己如何处理棘手问题的机会。

·利用这个机会表明自己对他们的疑虑能够感同身受。

·承认雇主的疑虑有一定道理，并分享有力的证据来解释为什么“它确实不是问题”，以此来减轻雇主的疑虑。

第九项：不要说“我不要做那件事！”

Adecco 集团的区域副总裁坦尼娅·莱恩明白，在工作和生活之间保持平衡非常重要。但当你在面试一开始就提到这方面内容——比如在实际生活中，你不愿意做或者不能够做某件事的原因是“这件事与我工作之外的责任相冲突，比如我要完成学业，或者照看孩子”，然后你会优先履行这些生活中的责任——那么你的面试将以失败告终。

莱恩说，人们在面试中表明“他们不会做工作描述中并未提及的其他任务”也是一个重大的错误。

“如果一位应聘者思想不灵活，并期望工作任务始终不变，这对我来说是一个危险信号。我曾经面试过的一些人就提到，他们不喜欢日常的固定工作发生改变；或者他们更喜欢有一个固定的工作计划表，提前了解每一天他们需要做的具体工作。”

“无论是什么工作岗位，今天的雇主们都在寻找这样的员工：做事主动积极，适应力强，愿意做最初的职位描述中并未提及的工作。我们期待员工能够身兼数职，愿意动手尝试新事物，学习新技能。我不会雇佣表现不出这种灵活性的人。”（这是列表中的第 11 条和第 13 条）

乔治·布拉特是行政人员培训咨询公司 PrimeGenesis 的常务董事。他淘汰了一位应聘初级岗位的女应聘者，因为她对“你对出差怎么看”这个问题的回答并不如意。

“她开始讲自己愿意去和不愿意去哪些地方。”（她面试也迟到了，而且简历早就过期了）

“我结束了这场面试并告诉她，如果对这份工作感兴趣可以再联系。她可能会因为工作需要到通布图（位于西非马里共和国的历史名城）出差。之后我一直没有收到她的信息。”

没错，你在工作之外确实有自己的生活，你需要考虑家庭责任以及其他事情。但没有必要在与雇主对话的一开始就提起这些事情。你需要以合适的方式、在合适的时间提这些——最好在雇主说他们决定录用你之后。

如果，比如说，面试刚开始没多久你就被问到对于“加班”的看法，你可以巧妙地处理这个问题，这样回答：

“我暂时还不清楚这个工作的具体职责是什么。但请你放心，我会非常严肃地对待工作，而且我的个人生活不会影响我在公司的工作。”

这可以让对话继续顺利进行。

遗憾的是，莱恩说很少有应聘者主动说他们愿意坚守工作岗位，为了完成工作愿意付出最大努力。

但如果你说了这些（当然，都是发自内心的话），你会脱颖而出。

你不要做……

·将工作时长作为你首要考虑的问题，并谈到你对工作时长以及可能出现的加班情况的限制、期望或顾虑。

雇主们将得出结论……

·你不适应不断改变的情况。

·你可能会拒绝从事不同的工作。

· 你不是一个会尽自身最大努力获得成功的团队协作者。
· 你思想不灵活。
· 你没有求知欲，没有进取心。

你要做……

· 向雇主表明，你完全能理解这份工作可能并不是严格的“朝九晚五”制。
· 告诉雇主，为了完成一个项目，你愿意做任何事。
· 向雇主保证你愿意投身别的工作，帮助别人。
· 愿意做这个岗位所要求的任何事。

第十项：不要说“我只是想学习”

你是否还记得我在第三章的第一项里简单地提到过：不要表现得很愚蠢，或是毫无准备。如果你刚毕业，或者年纪很小就去工作，或者转行到一个从未涉足的领域里，似乎解释一下为什么你需要这份工作是很自然的事情，但这样做你的工作进展可能并不顺利。

再次说明，这听起来显得你很渴望这份工作——这不是坏事。但这不足以让雇主真正录用你。没错，雇主们明白你需要学习。每个经验丰富的职场人士都需要深入学习某些工作技能，但你不会因此而被雇佣。

根据 2011 年美国大都会人寿保险公司开展的题为“美国教师：帮助学生为大学和职业生涯做好准备”的问卷调查，97%的主管认为“很强的写作能力”绝对是必需的，或者是十分重要的；99%认为“问题解决能力”绝对是必需的，或者是十分重要的。

请允许我再次说明这一点，因为我觉得你听再多也不为过：为什么他们愿意雇用你？因为你能帮助公司创造价值，并将它生产的产品或提供的服务交付给客户，而且你需要知道怎么去做。或者就像我在上一章里提到的：你如何证明公司付你薪水是值得的？所以我们现在来谈谈这一点。

比如说，你对于拯救湿地和森林、安全的垃圾处理以及维持整个社区的安全和高效这些方面都很感兴趣。你的目标是在城市规划方面开始自己的职业生涯。现在你有了该领域的学位或者培训经验，你希望在当地或国家的政府机关里谋得一职，或者在一家建筑或工程类公司里工作。

你开始提高自己的技能水平，挖掘自己潜在的天赋，包括思考空间关系的能力，解决问题和分析数据的能力，聆听、沟通和写作的能力。这些都是干好这份工作的必要条件。多次练习和实践之后，你的技能还会再上一个台阶。

现在想想你潜在的雇主。公司会为客户提供什么服务？

由于你已经做足了功课，你了解到公司的大体目标是为社区修路、盖房、建商场和公园提供最优的选址方案。它的工作重心是为交通拥挤、空气污染以及人们到达汽车站、地铁站和停车场的路线提供最周详的解决方案。如果你了解了这些内容，那么一旦你被问到“在公司想要做什么”或“你将如何为公司做出贡献”时，你可以谈论以下内容：

· 你将如何利用好自己开始发展的技能。
· 你对自己从事的任何工作都有浓厚的兴趣——比如保持社区安全和高效。
· 你将如何帮助公司为顾客提供特定的服务。

如果你需要在你所在的领域里挖掘出相关信息，你可以去美国劳工统计局这样的资源库进行查找，那里有你要的任何信息。现在是信息时代，你没有借口在面试中显得一无所知。

你也可以趁此机会向雇主表明自己是一个能够运用所学技能的人。也就是说，你明白应该如何解决问题——这是你所拥有的最重要的技能之一。

你可能不清楚公司业务，但是你能解决问题吗？

西门子公司人力资源部门的高级副总裁迈克·帕尼格尔说，问题解决能力是大脑灵敏性的另一种说法。“一个成功的应聘者很清楚自己应如何在复杂情况中快速地提取重要信息和事物关系。”

完全被浪费掉的机会

一位雇主计划招聘一名客户助理，他将一份详细的、足有四个段落的工作描述发送给了一位联系他的人。这个求职者发来了回复：

“听起来像是我肯定能做的工作。我很想在这个行业里学习。”

这位求职者白白浪费了这个机会！她本来可以借这个好机会回复一封考虑周到的邮件，解释为什么她能够做这份工作。结果她彻底搞砸了。

“我写清楚了我们要找什么样的员工。即使她说起来像是她能够做好这份工作，也愿意学习，我还是不知道她将如何满足我的要求。”雇主说道。

“她愿意在这个行业里多学习，我很高兴，但是我凭什么要教她呢？她没有给我任何见她的理由。她没有对我们从事的工作表现出热情。我没看到她的积极性。她只是用黑莓手机发来了一句俏皮话，而没有写一些很真诚的、很有说服力的东西，这表明了她的沟通能力相当一般，我也看出来她对于我们这一行既没有经验也没有相关背景。

“如果我要录用一些完全没有经验的人，并耗费时间和资源来培训他们，那么我对他们的信任一定得有一个大的飞跃。而她没有表现出任何值得我‘飞跃’的东西。她没有查看我们的官网，没有查看我们的‘脸书’主页，没有研究我们公司或我们这个行业来看看自己是否想要成为其中一分子。她并没有打消我的疑虑，即她只是在找一份工作，而不是在我们领域里开始自身的职业生涯。她或许觉得这份工作合她胃口，但是她并没有向我表明她合我们的胃口。”

你不要做……

·只关注自身学习的需求和渴望。

雇主们将得出结论……

·你只是来学习，学到手了你就会离开。

·你对这个行业一无所知。

你要做……

·做好功课。了解一家公司的目标，并能够解释你将如何利用你的技能来帮助公司达成这一目标。

·强调你对这个行业和这个行业的使命充满热情。

·表明你渴望学习、自我提升和解决问题。

·知道怎样去证明公司支付给自己的工资是值得的。

·给出例子来表现出你如何发挥了解决问题的能力，以便更好地理解工作中的重要问题和关系。

第十一项：不要说任何深奥难懂的术语

求职者们说的东西，有一半都是我无法理解的。那些潜在的雇主也无法理解。

我问一些人他们想要在怎样的企业文化环境里工作，他们会提到（或者写到）“ROWE”这个词（我后来才理解它的意思是“结果导向型的工作环境”，即 Results-Only Work Environment）。

我请他们告诉我他们的专业技能是什么，他们会说自己了解有关“礼品方案”“建立项目并使之发展”“随机游动（数学模型）”或者“包装实验室”的所有内容。或者有一些人会将自己描述为“以人为本的变革推动者，注重可付诸实施的学习框架的实效。”

当某人飞快地说出他完全能理解而我根本听不懂的术语和词组时，我会分心。我会集中注意力去试图理解他刚才说的话可能是什么意思。

我对各个行业的高智商专业人士（包括负责招聘的人）进行了非学术的问卷调查，结果显示，很多人与我有着同样的经历。

当人们不理解你在说什么时，他们会思考，会发挥自己的想象，在自己的世界观里试图理解你的话。于是，他们便不再聆听你接下来讲的东西了。

比如，我问人们，当他们看到或听到“ROWE”这个词时，脑海里会想什么。一个人认为这是他某位客户的名字，这位客户是一家银行的创始人；另外有人认为这个词的意思是“世界的其他地方”。

在作家琳达·瓦卡雷洛看来，短语“随机游动”（一个数学术语，常用于计算机科学、经济和物理领域）指的是“我在周一经常做的事，比如，因为我写作遇到了瓶颈，所以我需要离开计算机一阵子”。

她想象“礼品方案”（慈善捐赠的一种方式）指的是：“我丈夫和我制定了礼品方案后，就不再互赠礼物。比如，我们对彼此说：‘今年的圣诞节，我们要给自己买一台新的洗碗机吗?’”

晦涩术语会让面试官分心。当你使用了模糊的、不精确的、过时的语言时，你无法让对方更加了解你。在某些情况下，你反而会惹怒他们。

“这些话会让他们感觉你很自鸣得意，以及你故意表现出这种轻率的姿态。”瓦卡雷洛说道，“或者，语言显得非常专业，却像书呆子说的一样，实际上有些幼稚，似乎你一直都喜欢说这些让你父母听不懂的‘特殊语言’。”

如果你想改变你的职业生涯，或者打算在不同行业里求职，你在面试中说这些话只会有一种效果：你无法让他们听懂。

根据国际听力学会（没错，有人专门研究听力）的调查，最经常发生的听力障碍包括对讲话人的话题失去兴趣、一边听一边想着别的话题或者“故意绕开”讲话人所讲的内容。

因此，你要注意不要使用慵懒的、不精确的、莫名其妙的话，以及你所在行业以外的人（甚至可能与你同行的人）听不懂的话。

作家和评论家乔治·奥威尔在他1946年的文章《政治与英语语言》中提到："这些短语被生硬地钉在了一起，就像把几块预制板钉在一起做成一个鸡舍一样。"这篇文章至今仍有影响。

请你始终保持警惕，努力不要让自己轻易使用"意义非常模糊的语言"，奥威尔说道。这条原则不仅适用于讲话，也适用于写作，比如在简历或求职信的撰写过程中。当你坐下来开始写的时候，问问自己："我究竟想表达什么？我怎么说效果最好？什么例子可以佐证我的观点？这可以简短地说吗？我所说的东西能够让别人和我的同事都听懂吗？"

其他可以让你避免使用深奥术语的方法

在第三章我说道，不要过于正式，也不要太随意。现在再次提到这一点似乎很有必要，而且这一次将更加详尽。这些"无效的沟通"具体包括以下内容：

·两三个字组成的无意义回答，比如"太棒了!""哇塞!""别担心。""没问题。"

如果你确实很优秀，请解释是什么让你如此优秀。你应该趁此机会展示自己多么热爱这份工作，或者对公司的使命感到多么狂热（列表中的第14条）。

当一位雇主向你说明工作要求，而你只是回答"没问题"时，你就失去了一个重大机会。此时你应该详细阐述自己何时做了和这份工作类似的事情，以及你怎样为此做出了贡献。

·听起来像收音机里的经济担保广告信息。

我支持公共广播服务，但我会对那些经济担保信息保持警惕，因为这种信息没有高质量的语言，也不会使用第一或第二人称。它们还倾向于使用被动语态，而不是主动语态。简而言之，请不要说这样的话："我竭尽全力去做……"或者"我们努力奋斗，力图完成……"人们平常不会这么说话。而且也不会有人明白你究竟在说什么。

你的求职信也是如此。永远不要写一些呆板的话，比如"我对于这个新岗位的面试机会感到非常热情"。谁会这么说呢？

你不要做……

·使用别人可能不理解的术语、短语和缩略词。

· 使用不精确的语言和莫名其妙的话。

雇主们将得出结论……

· 你无法进行有效沟通。

· 你对很多事都不理解。

· 你无法站在别人的立场思考。

你要做……

· 好好利用这个机会与雇主分享清晰而精确的事实细节，这些细节将展现出你曾经做出的贡献和你对工作的热情。

· 弄明白你想要表达的意思，并使用最简洁的方式表达出来。

第十二项：不要使用未被词典收录的词、语气填充词，以及其他恼人的表达方式

尽管这几乎无法确定，但根据出版了《牛津英语词典》的牛津大学出版社的说法，目前至少有 25 万个不同的单词。一些语言学家认为目前的单词数量超过了一百万，而且这个数字还在不断增长。

即便如此，也请你保持谨慎，不要使用未被词典收录的不正规词汇。这些词要么拼错、读错，要么是现有词汇的随意组合或者不正确的缩写。这样的例子包括“flustrated（应为 frustrated，沮丧的）”“supposebly（应为 supposedly，可能）”“orientated（应为 oriented，以……为方向的）”“irregardless（应为 regardless，不管）”，还有牛津大学出版社收录的一些不正规词汇：如“glocalization（全球本土化），由 globalization（全球化）和 localization（本土化）两个单词拼接而成）”。

不正规词汇还包括语气填充词，比如“呃”“嗯”“你知道的”，还有让我抓狂的“就好比说是”或“我有点像是”这样的词。

它们能“毁掉你的面试表现，惹恼别人，伤害你的可信度，并让听者感到不舒服。”《魅力法则》（AMACOM 出版社，2011 年出版）一书的作者库尔特 · W. 莫滕森说道。

沟通培训公司 Decker Communications 的董事长本 · 德克尔认为，使用不正规词汇比表现粗心大意还要糟。“那些词汇显得一个人懒惰而且容易让别人分心。”

他说，人们经常使用这些词汇来防止自己一言不发。他们“希望能舒服地与人交流”，于是毫不犹豫地使用“呃”“嗯”和“就好比说是”这样的词。

这是“虽然不起眼但足够让人讨厌”的事情之一。既然这件小事会对你的

求职过程产生不良后果，它还是值得一提，是吧？

没错。这个恼人的小东西。你是否发现了句末带着问号的“是吧”一词？很多人都会这么说话，大概在第五句话的末尾就会加上“是吧？”或者类似含义的一个完整句子：“你知道我在说什么，是吧？”

但实际上，这些“是吧”根本不需要你做出答复。

这个词并不新鲜，但它的使用却非常普遍。我来讲讲使用这个词的后果吧。假如有人正在描述他们所从事的某个项目。他们说：“团队里的每一个人遇到问题时都需要主动说出来，是吧？”

你听到这句话之后，可能会想：“我怎么知道？”这使得你不得不怀疑这个人是否确定自己在说什么。或者你会好奇：“你是否在问我，我是否同意团队里每个人都需要大声表达自己的观点？”

我曾经问一位主管，她知不知道自己很喜欢在每句话的末尾加上一句“是吧”，她答道：“没错，有时会加这么一句。”她补充道，她是从别人那里听来的，结果现在她自己也开始这么说了。

“当我从别人那里听到这个词时，我都快疯了。”她说道，“我快被这个人激怒了。我很想说：‘快点把你要表达的点说出来，不要再讲一些无关的废话，不要再问我同意不同意。’”

为什么人们会这么说话？她认为，可能是因为我们不想冒犯任何人。结果导致了“说这话的人很讨人厌，这也是另一种形式的冒犯”。

一位面试了很多人的雇主告诉我，他也发现这很恼人。“它可以在人的潜意识里起作用，让人同意你的观点——无论这个人是否真的同意。”

另一位雇主说道：“它代表了不安全感。似乎这个人需要不断地确认他说的话是对的。”

有些人会在每一句完整的话的末尾升调，雇主对于这种现象有相似的感受：似乎这个人无法用陈述句表达任何一句话。

如果你以一个问题或者“是吧？”来结束你的表述，你会给人一种“不愿意做出正面答复”的印象。你的答复听起来像是你不确定自己是否能够做到自己承诺的事情，或者你是在试着让我同意你的话。

根据德州大学阿灵顿分校的语言学教授大卫·席尔瓦博士的说法，这叫作“反义疑问句”。我曾经为撰写专栏文章而拜访过他。

席尔瓦认为，使用反义疑问句时，“有助于在说话人和听话人之间形成一种特定关系，在这个关系里，他们试图相互理解，并分享彼此的态度”。

无论“是吧？”这个用法最初是谁发明的，使用它的人都会给人带来这样的印象：听起来似乎你并没有勇气相信你自己说的话。这会惹恼与你交谈的人，而这并不是小事。是吧？

如果这些语言模式中的任何一种都会对你带来麻烦（即使你自己不觉得），请录下你说的话。请别人帮忙数一数你每分钟会说多少个重复的、让人烦躁的不正规词汇。或者你有多少次在表述完一个观点后加了“对吧？”一词，或者是否总是以问句结束自己说的每一句话。

最重要的是，请你将所有比如“我就像是”这样的不正规词汇全部替换成停顿。德克尔建议你在打算说“而且我就像是”的时候，应该立即停下来。

既然我们在讲“词汇”这个话题，我还要讲一点：流畅的书写文字也很重要，这也是雇主们关注的一个方面。

在书写的时候，“能否让对方理解你的意思意味着你是否能成功”。西门子公司的高级副总裁迈克·帕尼格尔说道。

英国航空公司可能会让应聘者提交一份写作样本，目的是“看看应聘者是否擅长写作”。人力资源管理部门的高级副总裁柯特·格雷提到。

联合包裹服务公司（UPS）要求员工具有良好的写作能力

在联合包裹服务公司，员工必须能够传递清楚而精确的沟通信息，以“专业的方式来调查、分析和上报他们在工作中的发现”，企业人才并购部门的总经理马特·莱弗里说道。因此，他们会观察你写出的所有东西是否能体现这些特质。

如果你想在职业生涯里获得升迁，写作是关键。你的职位越高，你需要写的东西就越多——比如绩效评估、提案、有说服力的论据等。最重要的是，你写的东西折射出了你的真实想法。如果你不能很好地写作，雇主们将认为你也无法清晰地思考（列表的第 2 条）。

你不要做……

· 说“而且我就像是……”

· 自造词语。

· 每句话的末尾都是升调，或者问“对吧？”或“你知道我想说什么，是吧？”

· 语速特别快。

雇主们将得出结论……

· 你很懒惰。

· 你不成熟。

· 你在客户和顾客面前无法很好地展现自己。

· 你不知道“和朋友们出去玩”与“表现得像个专业人士”之间的区别。

· 你没有安全感，或者需要不断地确认事实。

· 你不确定自己所说事情的真实性，或者你自己就不相信。

你要做……

· 对于别人是否能听懂你说的话，请他们给予反馈。

· 录下自己的话，数一数你说了多少次不正规词语，比如“像是”“我就像是”“呃”“嗯”以及“你知道的”。

· 带着批判的眼光看看你写的东西，以及你是否能清楚而精确地和别人进行书面交流。

第十三项：不要使用时髦术语

我依然记得，“有创意的”这个词从某个时间开始就大量出现在每个人的简历以及领英个人资料里。有太多的人将这个词复制在了他们的优点列表中。领英首席数据科学家在2010年的统计结果显示，这个词是领英的美国用户个人资料里排第二的“最过度使用的时髦词”。对于这个发现，简历写作专家们警告：请将“有创意的”这个词从你的简历和领英主页里删掉！

我认为，倒不用太快下结论。我很讨厌时髦词。但在你砍掉这个词之前，我们来看看你究竟想要表达什么，以及如何用更好的语言来替换掉这个词。

“有创意的”以及“关注结果的”“擅长解决问题”这些词语曾经都是很不错的词——后面的两个词也在领英“最过度使用的时髦词”清单上——但问题在于，正因为它们被滥用（就好像“我人缘好”这个说法），它们才显得毫无意义，因为你和别人所说的没什么两样。

关键是你得真正理解“特别有创意”的本质是什么。因为“有创意”的人表明了他能够带来全新的、更好的、更有效的产品和流程，这显然也是每一家公司需要的员工品质。如果你能让公司看到你就是这样的人，雇主一定想和你聊一聊。

那么，成为一个能够将创新意识带到工作中的人意味着什么呢？你是这样的人吗？

我喜欢作家珍妮特·瑞伊-杜普里在《纽约时报》文章（2008年2月3日刊）里对该词的描述："创新意识是增值的缓慢过程。先是可靠的工作流程里发生了一些有趣的事情，然后人们从这些事实中不断获取小小的灵感。"

创新意识，或是"灵光一现"的一瞬间来源于"若干小时的思考和学习"。美国跳蛙品牌（LeapFrog）笔触式计算机的发明者、跳蛙平板电脑（LeapPad）学习系统的创造者吉姆·玛格拉夫在瑞伊-杜普里的文章里如是说。玛格拉夫提到："在完成了巨大的工作量、做出很多决定以及付出很多努力之后，才会出现创新意识。"

看看他描述"创新意识"时所用的短语：*若干小时的思考和学习……巨大的工作量、很多决定、很多努力*。

这是在描述你吗？你有这些品质吗？如果的确如此，那么你付出的努力是否为公司带来了更好、更有效的产品或流程？如果确实是这样，那么你就能这样描述自己。

不要只是在你的求职信里或者面试中提到"我很有创新精神"。你要这么说："我善于仔细思考、研究工作中的问题，力图找到一个解决方案。"

然后举例说明你如何做到这一点：

"比如，我在上一份工作中担任总裁的行政助理，我花费了几个月的时间来研究并改善一个系统，这个系统能够追踪销售信息，并能将好几天的工作量缩短到十几分钟的量。"

或者："我花了几小时的时间来思考如何能与公司的目标市场建立更好的联系，并且我设计了一个能够让销售量翻一番的项目。"

在大多数情况下，你最好也要摒弃其他滥用的术语，比如你是一个"以结果为导向"或者"交付可实施的结果"的"变革推动者"。你需要做的是，弄明白这些术语真正的意思，并使用有意义的词语对其加以描述，然后给出例子，表明你是怎么做的。

人力资源管理社区（SHRM）在2009年进行的问卷调查显示，雇主们建议求职者不要使用以下短语，我对此十分同意：

· 这是我梦寐以求的工作。

· 我跳出了固有的思维模式。

· 我以结果为导向。

· 我是善于团队合作的人。

· 我人缘好。

· 我积极主动。

你不要做……

· 你的简历和求职信里充斥着被别人说了至少一千次的大量时髦词汇，但你还觉得它们“听起来很棒”。

雇主们将得出结论……

· 你使用了自以为雇主喜欢听的词语，但你却无法给出详细的事实来支撑它们。

· 你写作能力差，你也无法和别人很好地交流。

· 你一定读过很多商业书籍，但你在重复书中的某些文字时，你其实并不明白那是什么意思。

你要做……

· 仔细想想你为什么是“确实很有创新意识”的人或是一个“变革推动者”，你如何做到“注重实效”，以及这些词究竟是什么意思。写下有意义的例子来佐证这些品质，并表明你能理解这些词组与这家公司所从事的业务有什么联系。

第十四项：不要写“Goo Morning”（应为Good Morning，“早上好”）

没错，某些人在写给雇主的英文邮件的开头就用了“goo morning”。这些人显然不会收到任何回复。

雇主们不会浪费时间去看粗心大意的信息、拼写错误和印刷错误。人力资源管理社区问卷调查的500位招聘经理中，有58%认为求职信或简历中的文字错误和语法错误“是很大的问题/会导致求职者被一票否决”。41%认为这些错误可能是个问题。只有1%觉得这些错误没什么大不了。

你所写下的错误单词或者别的错误会折射出你的一些品质，这不可否认。对于雇主来讲，这意味着你是个“粗心的员工”。

“求职信和简历中的错误拼写表明了这个人不仔细，缺乏专业性，对他们自身以及他们的工作缺乏自豪。" Loyalty Factor 的董事长黛安娜·邓金说道。

"如果应聘者的简历含有拼写错误，那么他们甚至连参加电话面试的机会都不会有。"罗伯·巴索说道，"这折射出了你的技能和你的职业道德有缺陷。"

"我收到的含有拼写错误的求职信和简历足有一吨重。"埃里克·札克曼说道，"当这个职位拥有很多候选人的时候，你就必须用你自己的一套系统来检验他们。我若是看到一个拼写错误，便会一票否决。他们或许有非常丰富的工作经验，但只有表现出来的才是有效的。"

你还记得律师事务所 Strauss & Troy 的董事长比尔·斯特劳斯吗（见第二章）？当他试图在一大堆申请事务所兼职市场经理一职的简历和求职信里搜寻人才时，他开始仔细查看这些简历和申请表格本身，将它们当作一个个市场案例，"似乎这些就是他们的工作成品"。

他说，他"查看这些简历是否有拼写或语法错误，写作技巧如何，以及这个人的说服技巧如何，因为他本身也是在向我做市场营销（产品就是他自己）"。根据这项标准，他淘汰了大量的求职者。

而得到面试机会并且最后被雇佣的这个人，"看起来是一个很关注自己的工作成品外观的人"。这对于斯特劳斯来讲是一个重要的品质。

你不要做……

·在你创建的任何文本里留下印刷错误或者拼写错误。

雇主们将得出结论……

·你并不太关心你的工作。

·你不注重细节。

·你会是一名懒惰的员工。

你要做……

·读一遍你写的东西，然后再读一次，接着再读一次。然后将它拿给另一个人看一遍，确保无误之后再发给雇主。

第十五项：不要说你认识我（其实你并不认识），或者说其他的谎言

似乎我没有哪一周不会收到陌生人发来的"请求链接"（领英网站专用术语，类似其他社交网站的"添加好友"操作）的信息，内容比如说是"我们曾经在魁北克的某某狗粮公司共事过"。

你觉得我的记忆有那么模糊，以至于我已不记得自己曾经在魁北克定居并在一家狗粮公司工作过吗？

我必须要说清楚这一点：当你通过领英（全球领先的业务往来和求职社交网站）或者其他社交媒体来联系潜在的雇主时，绝对不要捏造你们之间并不存在的关系。

就这一点来讲，你在任何网站上发布个人简介，撰写简历或者面试中作自我介绍的时候，都不要捏造你的任何个人信息。

我完全同意你有策略地表达自身观点，以及利用相关信息将自己塑造成你想要的形象。但这就是我的底线。“有说服力的市场营销”与“欺骗”有着本质区别。

既然我们谈到这个话题，你会如何以诚实而坦率的方式“连接”领英的其他职场人士？你首先“要做”的其实是一件“不要做”的事：如果你想与你不认识的人建立联系，不要发送类似“加入我的领英网络吧”这样的请求。这听起来就像是“你不认识我，所以你不能真正信任我。但我还是希望你将自己的联系人列表交给我，因为它能为我和我的职业生涯带来帮助”。

如果想联系一位你不认识的人（比如她叫米莉），最好的办法是先从认识米莉的人那儿获得她的个人信息。或者你可以给米莉发一封站内信（领英的一项功能，米莉可以直接收到这份信息）。但和其他的通信信息一样，请你让自己的信息富有个性。告诉米莉你喜欢她和她工作的哪些方面，以及自从你在波士顿的狗粮大会上听过她的演讲后，如何跟进了她的最新进展。

我再重复一次：你绝对不能将类似“我想将你加入我的社交网络里”这样的话发送给别人。除非这个人跟你很熟悉，并且你们经常见到。

毫无疑问，如果你撒谎，别人一定会看出来。在你社交网络里的人会毫不犹豫地删掉你。

“人们在一般的社交网络里感觉很舒服，因为他们始终都可以将自己最好的一面放在网上。他们的社交网络主页里全是好的信息，他们也总是想与更多的人成为网络好友。”领英网络的企业沟通部门主管克丽丝塔·坎菲尔德说道。

但一个专业的社交网络则完全不同。“你不能过于随意地说一些并不真实的事情。”她说道。比如说，不要用德语来撰写你的个人信息。人们会以为你会说德语，而实际上你不会。

对于你的简历、求职信、网上的个人信息或者你的个人网站，你不要：

· 歪曲你在某岗位上的工作年限。

· 夸张地讲述你的成就和技能，或者提到自己做过某某事情，而实际上你并没有做过。

· 歪曲你之前工作过的公司的规模。

· 声称自己获得了某教育机构的相关证书或学位，而实际上你并没有获得。

· 夸张描述自己的头衔。

· 声称自己能流利地说某一门外语，而实际上你只是在高中阶段上过几年的外语课。

在求职过程中说不真实的事情非常致命。更不用说如果你已经被雇用了并在工作一段时间之后被发现，后果简直不堪设想。

你一定听说过有些知名度很高的专业人士编造了他们的教育背景，被发现之后立即被开除、停职，或者他们主动请辞。消费电子产品零售商 RadioShack 的总经理大卫 · 埃德蒙森在捏造自己拥有大学文凭之后离职。励志演说家丹尼斯 · 威特利被逐出了美国 USANA 健康保健科技公司董事会，因为他之前公开的高等教育背景后来被证明是纯属杜撰。雅虎首席执行官斯科特 · 汤普森因在个人简历上进行学位造假而被起诉，最后被降职。

一些虚构自己文凭的人觉得他们有理由这么做。比如几年前曾有一个狂热的求职者给我写信，希望我给他建议。他说，他先是作为合同工在一家公司里干了一段时间，现在是公司的正式雇员。在招聘过程中，他提交了自己的简历和申请。

“我捏造了我的教育背景。”他写道。他了解到公司最近在对所有员工进行背景调查。“我感到非常紧张。如果我被发现在撒谎，我不知该怎么做。我知道撒谎是不对的。我只是觉得，如果我写自己有个学位，我就会有更高的工资。我害怕他们不雇佣我。我出于无奈才粉饰了我的教育背景。”

我曾听过来自布兰迪斯大学的一位教授在美国国家公共电台的《谈论国家》栏目里提到，大多数谎言都具有实用意义。他说，一个人所面临境况的压力越大，这个人就越有可能撒谎。有时候人们相信其他任何人都在欺骗自己。就简历来讲，你可能会觉得其他所有人都在夸大自己的教育背景。所以，为了让自己拥有竞争力，似乎你也不得不这样做。

大多数人很看重“正直”这个品质。当你夸大事实或者完全在撒谎时，别人会想你还有什么“优点”是他们不知道的。

你不要做……

· 在领英社交网站上联系雇主或者其他人时，说“我们之前就认识”，而实际并非如此。或者表示“你跟他是朋友”，而实际上并不是。

· 捏造事实，夸大事实，粉饰你的文凭，或者让雇主相信你并不真实的教育背景。

雇主将得出结论……

· 你也会在其他方面表现不诚实。

· 你不正直。

· 你身上总有一点“不太对劲”的地方。

你要做……

· 创建有说服力的、有战略意识的市场行销文稿，能够支撑你的目标，并将你塑造成你想要的模样。这些信息必须 100%真实可靠。

· 有策略地使用专业的、类似领英的社交网络。从你认识的人那里去了解你不认识的人，或者给雇主发一封内容有个性的站内信。

第五章

你绝对不能穿的 10 种服装

我现在已经习惯看见一些人穿着睡衣出入某些公共场所（比如鲍勃·埃文斯餐厅或者塔吉特大商场），而不再像以前那么吃惊了。你是否刚刚醒来，出门之前忘了换衣服？我想可能是这样，而且似乎没人会在意你的穿着。

但参加面试时会这样吗？相信我，雇主们非常在意你来面对面交谈时的穿着打扮。

实际上，某些人的面试穿着会让雇主们大吃一惊。大多数雇主至少能讲出一个“他（她）居然穿成那样来面试！简直让人难以置信！”的真实故事。

令人吃惊的服饰包括皮背心（无衬衫）、女式游泳衣和遮掩物、皮质裤子和牛仔靴、百慕达式短裤（及膝短裤）或跑步时才穿的衣服。人才派遣服务公司 Office Team 的人事工作人员说，甚至还有人穿睡衣和拖鞋来面试。

无论你是去银行还是零售商店面试，你的穿着打扮都很重要。这是你和别人会面时对方首先会看到的东西。他们会根据你的穿着对你有一个初步的判断。而且，你的穿着也很能说明你的判断力和专业性——这是两个极其重要的评价标准。

没错，打扮的程度以及你需要穿得多么保守取决于这份工作、这个行业和这家公司的性质，但有些衣服从来都不合适。我们马上将谈到这一点。

当你查看衣橱时，考虑这些问题

当你站在衣橱前思考该穿什么时（顺便说一句，你应该在面试前就准备好衣服，可能有些衣服需要洗或者修补），请考虑以下两点。

1. 这份工作和这个行业

问问自己：这个行业里的人都是怎么穿的？律师事务所、会计事务所和银行就是穿着最保守的一部分行业。即使你既不是律师也不是银行家，但是如果你想应聘律师事务所或银行里的职位，那么你就得考虑工作环境的问题。这是一个需要你在客户群中建立信任的环境，你要处理很重要的事情，你希望别人严肃地对待你。所以人们期待你在这些行业里穿得保守一些。

如果你在零售商店、广告公司、设计公司或建筑公司面试，你可以不用穿得那么保守，但你依然需要穿得像个专业人士。当然，工作中的穿着还跟具体的岗位有关系。在某些行业的面试过程中，如果你穿正装，你将永远不会得到工作。（稍后我会讲到这一点）

再问问自己：在这个岗位上的人都是怎么穿的？一家广告公司的客户主任会比广告文字撰稿人穿得更加正式。但广告文字撰稿人也需要与客户会面。办公室经理和接待员需要与外界打交道，也需要接待顾客和客户。他们可能是别人进入公司大门看到的第一个人。

所以，要根据自己的工作和所处行业选择合适的着装。

2. 给人留下良好的印象

当人们看到你时，你希望他们对你有怎样的想法？当然，你肯定希望他们把你当作有良好判断力的专业人士。其他良好印象可能包括：非常成功、关注细节、谨言慎行、非常可靠、时尚且有品位。

在大多数情况下，如果不知道穿什么合适，宁愿穿得正式一些也不要穿得太随意。正如 PacTeam 集团总裁埃里克·札克曼提到的：“无论公司文化如何，也不要穿很随意的衣服来公司。即使一家公司允许员工穿短裤和 T 恤来上班，但你还不是那里的员工，所以这些规定并不适用于你。”

无论你在什么行业和岗位，下面提到的十种着装将会损害你“拥有良好判断力的专业人士”形象。不要穿下面提到的这些衣服。由于雇主们对于这十项“禁忌”中的每一项都会得出类似结论，我会在本章结束之前列出“雇主们的结论”这个部分。

第一项：不要穿格子图案、夏威夷风格（以短袖、薄布料和七彩花纹为特点）或带有动物图案的衬衫或短袖T恤（无论有没有印字）

美国明尼阿波里斯市的北极星商业系统主席格雷格·戈特萨克说，他见过“很多不知道在面试时该穿什么的应聘者。”

他面试的某个技术岗位的大多数应聘者都认为，穿一件干净的夏威夷衬衫配一条牛仔裤就足够了。但他承认自己比较保守，他更希望看到人们穿一件深色西服和领带。这样的着装不会有错——尤其是对于应聘管理层岗位的人来说。

美国中西部一家大型企业的信息技术部门副总裁说，她希望看到人们“保守的商务装束”风格打扮。如果你面试的是一个管理层或者领导层岗位，她希望你穿西服出现。对于“为公司做出很大贡献的个人”，她期待他们穿着保守——但是不一定是西服。

对于一位成年男子来说，一条深色的宽松长裤、一件夹克衫配一件朴素的白色或淡蓝色长袖衬衫便可以显得很正式，这也是最基本的装束。虽然穿什么要看这个地区、公司和岗位的具体情况，但是这种装束适用于大多数传统行业。

另外，猎头公司VonChurch专门为数字娱乐产业招募员工，在这家公司工作的亚历克斯·丘吉尔却有一些不同的看法。他说：“如果你穿西服来面试我们的岗位，你不会被录用。我们公司的上下班时间并不是普通的朝九晚五制，而是有一套不同的规则。”

所以，如果一位应聘者穿着西服来VonChurch面试，这会向面试官传递一个很清晰的信息：这个人“并不理解我们的行业或这个行业的价值观”。他说，在这个行业里，“如果我们脖颈周围缠了一块称作‘领带’的布，说明我们工作不够努力。我们的价值体现在工作和成果上，而不是体现在一个人的穿着上。”但你依然不能穿得像个流浪汉一样参加面试。

在这个“没有西服”的行业里，丘吉尔建议人们穿着“时髦而随意的衣服，比如牛仔裤、流行的衬衫和鞋子等”。

如果你不确定该穿什么，他建议你提前与招聘方联系，询问具体的面试着装要求。

在一些更为传统的行业里，深色而硬朗的服装或者有极少量花纹的衣服（羊毛或羊毛混纺衣料）仍然适用大多数面试。而T恤（无论有没有印字或者图案）与格子图案衬衫则不适用于任何面试。

如果你在美国纽约州的罗契斯特市工作，你最好穿得更加正式一些。凯伦·

迪安格罗是该市一家名为 Catalyst 的营销公司的人力资源助理。当公司还在面试客户服务岗位的候选人时，她正在寻求这样的应聘者：希望他们能够接待零售银行业务客户，“并能与高级管理层人员沟通，所以我们期待有非常专业的人士出现。”她说道。

她对某一位应聘者曾寄予厚望。这位应聘者的简历可能折射出非常高的专业性，但他的实际表现却并非如此。当他出现在面试现场时，“他穿着格子衬衫和卡其色裤子，没有系领带，没有纸质的简历和我们分享，也没有带笔记本来做任何笔记，同时也没有公文包。这些都是基础中的基础，更不用说他的笔试成绩也没有合格。”

她会得出了什么结论呢？“这个应聘者对这个岗位并不十分上心，甚至都不愿为了面试成功而穿着得体。”

你不要穿……

· 汗衫、T 恤、夏威夷式衬衫或带有其他显眼图案的衬衫。

· 休闲卡其布裤子。

你需要穿……

· 纯棉或合成面料的白色或浅蓝色长袖衬衫。

· 羊毛或羊毛混纺的正装夹克衫和裤子。

· 深色的宽松长裤。

第二项：不要戴鼻环或舌环

美国匹兹堡的一位招聘专员这样描述一位年轻女性：“面试的时候，她看起来很不错。”所以这位招聘专员安排她与一家银行的总裁会面。然而不幸的是，当她出现在面试现场时，竟然穿了鼻环和舌环（同时，她穿的是超短裙和低胸文胸。我们将在下一部分谈到这一点）。

银行的工作人员——也就是这位招聘专员的客户——急忙将她赶了出去。“总裁对此感到十分震惊：居然会有人穿成那样走进一家银行，更不用说来银行参加面试了。”她说道，“我不得不向每个人道歉，幸好这并没有让我因此失去信誉。”

一些人说：“这就是我真实的自己，如果有人不喜欢，我只能说很遗憾。”没错，你当然可以自由地表达你的个性，但很多雇主极有可能不喜欢你这种表达个性的方式，这也是他们的特权。

你不要戴……

· 鼻环、舌环以及其他脸部穿环装束。

你要做……

· 把脸部穿刺的环全部去掉。

第三项：不要穿暴露的女式衬衫，或者无肩带的、偏短的上衣

没错，很多人都穿这样的衣服参加面试。来自贝弗利山“明智选择”房地产联合公司的房地产专员钱特·布里奇提到，曾经一位应聘者穿着低胸、暴露的上衣和超短裙来他们的公司面试，最后她显然没能通过面试。

“主管们认为该应聘者并没有严肃对待这个岗位。”布里奇说道。一些主管说：“她以为自己是来 Hooters 连锁快餐厅面试吗？（该餐厅要求女店员统一穿着白色紧身背心和橙色短裤，并以此出名）”

他们会对这位女性得出了什么结论呢？她不够聪明谨慎，判断力差。而且，“如果一位雇主必须亲口告诉你‘要穿着得体来面试’，那么他还需要告诉你一些其他众人皆知的常识吗？”她说道。

当你决定面试的穿着时，要记住这一点：电视节目里的女性在工作场合的穿着在实际生活中并不适用。那只是电视，不是真实的世界。

请你将衬衫扣子扣好，胸罩戴正，防止露出你的乳沟、背、肚子或内衣裤。然后再在外面套一个单色的夹克衫。

你不要穿……

· 过于挑逗的衣物。

· 背心、低胸衬衫、无肩带胸罩或露背装。

· 会露出你的乳沟、背、肚子或内衣裤的任何服饰。

你要穿……

· 与你的夹克衫相配的定做衬衣或简单的编织衣物。

“对于任何级别的职位而言，个人形象始终不可忽视。但很显然，高级别的主管更需要为自己打造一个专业形象。男人在这方面的表现总是最糟糕——不剃胡子，穿人字拖或旧衣服。而女人的问题则是过于浓妆艳抹，喷太浓的香水，穿低胸领衣服，或者穿一些价格不菲但不合身的衣服。应聘者应该在面试前先了解面试环境。不能过分打扮自己，你可以穿的朴素一点。”

——查理·波拉奇，高管猎头公司 Polachi 的共同创办人

第四项：不要穿超短裙或者迷你裙

在过去这些年中，迷你裙时而引领潮流，时而变得无人问津。但它从来都不是面试场合的恰当着装。

家住美国达拉斯的作家萨米·斯旺·汤普森曾在一家小型的法律事务所工作，这家事务所的穿着保守。某一天，一位年轻女性来面试接待员的岗位，她穿着弹力抹胸、迷你裙、人字拖和西服外套。

“我猜她可能以为那件西服外套弥补了不够专业的其他服饰。”汤普森说道。

她又补充道，说自己不会以貌取人。“但是拜托！这是在律师事务所进行的工作面试。根据我的推断，那位女士要么是个十足的蠢货，要么是她大脑里负责‘选择衣服’的这块区域受到了损伤，才使得她穿了如此不合时宜的服装来面试。还有一种可能是她家里刚经历了一场火灾，而这些是她从阳台上跳下来之前唯一‘抢救’出来的衣服。”

那么多长的裙子才算合适呢？记住，当你坐下时，裙子会向上滑动3英寸的距离，所以你选择的裙子应该在你坐着时能遮住膝盖为妥。注意自己的裙子是否有裂缝（哪怕是一条足够长的裙子），因为裂缝会完全暴露你的某些身体部位。

你不要穿……

·裙式短裤、背心裙或迷你裙。

·露出大腿的衣服。

·有很大、很显眼图案的夹克衫。

你要穿……

·正装和裤子，坐着时能遮住膝盖的裙子，或者定制正装裙或正装裤（不要紧身）加一件纯色夹克衫。

·定制的连衣裙搭配外套。

·搭配合适的一套服装。

第五项：不要穿沙滩装，比如人字拖、拖鞋、运动鞋或橡胶平底帆布鞋

来自新泽西州斯普林菲尔德市的招聘专员艾比·科胡特说道，一位着装最差

的应聘者穿着丁字裤来医药公司面试。“我去海滩才会穿这种东西!”

“人力资源部的很多同事都不喜欢看到露出脚趾的鞋子——虽然我个人不太在意这一点。但是丁字裤根本不合适。”她说道。

对于那位应聘者，她会得出什么结论呢？第一，该应聘者的判断力太差。“我完全无法理解为什么会有人穿丁字裤来面试。不穿正装就已经够糟了。”

第二，“这让我感觉她根本不想给我们留下好印象，所以她很可能对这个岗位根本不感兴趣。”该应聘者没能进入复试。

你不要穿……

· 人字拖、凉鞋、拖鞋或者运动鞋。

你要穿……

· 不露脚趾的正装皮革鞋或者手工鞋。

第六项：不要穿牛仔裤、弹力裤、紧身裤或短裤

金尼·鲍德里奇是美国圣路易斯的一位主管形象顾问。应聘者以何种形象出现在她面前至关重要。当她面试一位五十多岁的、申请公共关系岗位的男应聘者时，对方显得漠不关心。“他来面试时，穿着牛仔裤和皱皱巴巴的高尔夫衬衫，橡胶底的棕色帆布鞋和白袜子。”她说道。

“一位女应聘者之前发来一份非常专业的、仔细润色过的简历，结果当她来到现场的时候，穿得像是要去打扫自家地下室一样，这让我感到非常吃惊。”一家小型企业的企业主戴安娜·丹尼尔说道。

他还提着一个“廉价的尼龙材质公文包”和一个螺旋装订笔记本——“这种笔记本只有三年级小学生才会使用。”

她被这名应聘者的形象完全惊呆了。“一开始，我无论如何也抹不掉脑海里对他的第一印象。这位男士明知我是形象顾问总监，但是他并没有在着装上做出任何努力来使我愿意继续这场面试。”

她的结论是：“他很懒惰，不关注细节，舍不得花点钱买一个得体的笔记本或公文包。我不信任他，也绝对不会将工作交给他。他怎么能代表我或者我的公司形象呢？”

当戴安娜·丹尼尔还在美国东北部的一家政府单位里工作时（现在她在美国

康涅狄格州诺威奇市拥有自己的一家形象顾问和指导公司），她面试了这样一位女应聘者：这位应聘者穿着斑马条纹的弹力裤和一件粉色短袖衬，衬衫上印着一句不登大雅之堂的话。

丹尼尔的第一反应是，这位女士走错了办公室。“她之前发来了非常专业的、经过仔细润色过的简历，结果她在面试现场却穿得像是要去打扫自家地下室一样。这让我彻底惊呆了。”丹尼尔说道。

这位女士的外貌给丹尼尔留下了什么印象呢？“她穿的衣服完全没有一件能表现出她的专业性，或者能够获得人们的信赖。这些服饰让她看起来粗心大意、无精打采，并且完全不适合公司办公室环境。她的打扮给人的感觉是，似乎她完全不了解这个岗位对穿着的基本要求。”这会使她的其他技能也受到了质疑。

丹尼尔说，这位应聘者的竞争力的确很强。但是“她留给我的第一印象实在太深刻了”。最终她没有被录用。

你不要穿……

· 牛仔裤、运动员穿的有弹性的衣物、紧身裤、短裤、运动短裤或马裤。

· 白袜子。

· 任何能够被导演约翰·沃特斯（其因20世纪70年代拍摄大量题材诡异的电影而出名，并被公众冠以“恶趣味之父”等不雅名号）选中并用来拍电影的衣服。

你要穿……

· 高于小腿中部的深色袜子。

· 保守样式的宽松长裤，男式（女式）衬衫和夹克衫。

第七项：不要穿过于高的高跟鞋或者有图案的长筒袜

与其他邻家女孩一样，我也喜欢漂亮的鞋子。但是6.5英寸的高跟鞋、摇滚明星范儿的2.5英寸厚底鞋，或满是刺绣花纹的高跟和荧光水晶装饰显然不适合面试。

艾普莉·刘易斯在一家非营利组织工作，该组织的业务拓展职位和公共关系职位正在招人。她说，来参加面试的应聘者们“穿着带花纹的连裤袜和过高的高跟鞋，这样的高度让她们走起路来都很困难。”

结果，“我们得出的结论是，这些人不专业，没有受过足够的教育，缺乏一定的常识。如果你不能穿着得体来参加面试，你如何能代表一个组织机构呢?”这些人都被淘汰了。

对于“可不可以穿长筒袜”这个问题，至少没有人会完全认同“可以穿”。大多数礼仪专家认为，女性穿长筒袜去面试没有问题。而其他人（包括我）却认为长筒袜（至少在温暖的气候和夏季）让你看起来很老土。

“似乎面试不允许穿长筒袜完全可以理解。”钱特・布里奇说道。如果你穿了长筒袜，那么别人会“认为你过于保守，或者看起来像中老年妇女。”但是她也同意大多数人的意见，也就是穿什么要看你具体面试的公司。布里奇认为，由于你正在试图融入企业文化，若这家企业“极其守旧，所有的高层员工都穿了长筒袜”，那么你也该考虑这么穿。但如果这家企业“更具有一种轻松、时尚、有趣的氛围”，请不要穿。

如果你习惯穿长筒袜，也请不要穿带有花纹的或者颜色太艳丽的长筒袜。

你不要穿……

· 渔网长筒袜或者带花纹的长筒袜。

· 在很保守的工作环境里穿会暴露出腿部的衣服。

· 细高跟女鞋或者露脚趾的鞋。

你要穿……

· 合脚的正装皮鞋或者布鞋。

· 将鞋子擦亮，要穿不露脚趾的轻便鞋子，保证鞋跟完好。

第八项：不要穿呆板的、不合身的或者需要清洗的衣服

除非你将衣服从衣橱里取出来，搭配成一套并试穿，否则你永远不知道这些衣服是否合身，以及是否有需要修理和清洗的部分。

一位雇主说，有一个女应聘者穿了一件扣子脱落、口袋有洞的衣服。衣服顶部的裂缝顺着她的肩部延伸，看起来像是阻断了她胳膊的血液循环一样。这位在一所私立学校面试的女士似乎丝毫没察觉到这些问题。

雇主说自己得出的第一条结论是，这位应聘者“已经尽自己所能做到了最好，我对此很欣赏。我也知道她刚刚成为一位母亲，还有一点孕妇肥，同时她家境不好，而我过去也有同样的经历。但她身上也有潜在的令人担忧的事情，也就是她似乎没察觉到自己的衣服非常不合适，或者她对此根本不在乎；她自我意识不足，而且这个问题也会蔓延到她今后的工作中。”

雇主们能够理解你没有足够的钱购置衣物。你不需要买很昂贵的衣物，但你穿的衣服必须合身、干净。

你不要穿……

· 边缘磨损的衣物或者任何老旧的衣物。

· 用别针替代掉落的扣子。

· 过大或紧身的衣服。

你要穿……

· 非常合身的衣服，且已干洗过了。

第九项：不要过于珠光宝气，浓妆艳抹，以及佩戴过多的配饰

适合朋友聚会的穿着并不适合工作场合。所以，不要佩戴很大的耳环或者叮当作响的手镯。

其他配饰也是如此，比如帽子或大得夸张的围巾。面试之前，还得确保你已经取下身上的所有的电子产品。你还记得在第三章我提到的一个戴着 iPod 耳机走进面试现场男应聘者吗？正如阿凡达人力资源管理顾问公司的人力资源优化部高级副总裁凯文 · 谢里丹所说：“握手的时候就已经对他没什么好印象了。”

注意，请不要化太浓的妆，喷太多的香水或古龙水，身上不要有烟味。不要留两英寸长的、如同霓虹灯颜色的指甲，这会让你的指甲看起来像武器一样。

你不要穿（戴）……

· 太阳镜——无论是正常佩戴还是放在头上。

· 挂在脖颈上的或者戴在头上的头戴式耳机。

· 留长指甲，而且涂鲜艳的指甲油。

· 绿色、紫色或其他不自然的发色。

你要穿（戴）……

· 适量地化妆，并能显示自己的品位。

· 适当戴一些有品位的珠宝。

第十项：不要穿制服

这一条似乎完全没有提及的必要，但实际上，有些人真穿了印有上一家公司名称的制服来面试。千万不要这样做。

你要穿……

· 正装或者看起来不错的宽松服装，衬衫，以及一件外套或裙子。

你不要穿（戴）……

· 印有文字的衣服。

· 胸牌或者其他公司的工作服。

请遵守以上十项穿衣要求，否则雇主们将得出以下结论：

· 你对这个岗位并不十分重视。

· 你并不拥有这个岗位所要求的专业性。

· 你并不能融入该公司的文化。

· 你不理解运营一家专业公司的基本要求。

· 你太懒惰。

· 你不关注细节。

· 你的判断力太差。

· 你不值得信任，不能将工作交给你。

· 如果你不知道如何才能穿得像一个专业人士，那么你就不会知道很多对于别人来讲纯属常识的事情。

· 你不成熟，没有责任心。

· 你没有领导气质。

· 你的打扮太容易让人分心。

· 你缺乏必要的常识。

“我不会指望有人穿标准三件套的西服，只希望人们能够穿商务正装，这样比较得体。我期望人们穿得体的衣服给我留下好印象。你没有理由不通过服装和配饰来展现自己的个性。但你得向我证明你是一位专业人士，我才会将你当作专业人士看待。”

——罗伯 · 巴索，Advantage Payroll 服务公司的企业主

细节，细节

从头到脚的一切穿戴都至关重要，比如你的指甲、头发和你的气味。苏珊·雅各布森是弗吉尼亚州亚历山大市一家名为“LUV2XLPR”的公关公司总裁。她无法忘记一位男士面试时“满头大汗，体味太重”的情景。

那一天确实又热又潮，而且“他没有选择坐出租车过来，而是决定徒步走十个街区来公司。当他到达时，整个人看起来特别热，衣冠不整，上气不接下气。”雅各布森说道。在面谈的前十几秒里，他给人的感觉十分糟糕。这就是他对她的印象。

美国中西部地区的一位信息技术高管说，她曾经电话面试了一位申请主管一职的男士，对方听起来让人很满意。但当这位男士来到现场进行面对面交谈时，“他的外貌让我对他立即失去了兴趣。他的指甲又长又脏，非常杂乱的头发，穿的衬衫和正装真的应该好好干洗一下了。”

她的结论是，他“没有这个岗位所需要的领导气质，而且他的外貌让人分心。很遗憾，他的形象问题导致了这场面试还没开始就已经结束。”

另外，我认识的一位求职者曾思考过这样一个问题：如何确保自己看起来符合他所应聘的银行管理层岗位的形象。这个岗位设在委内瑞拉的一家分行里，而他的面试地点在美国佛罗里达州。不久前刚从美国和平部队退役，他为自己购置了很棒的正装，还能说一口流利的西班牙语。但他又想：“或许我还应该提一个公文包，这样看起来更像是一个从事银行工作的人。”所以他买了公文包，并提着它参加了面试。最终他被录用了。

在接受人力资源管理社区发起的问卷调查的雇主中，有95%的人认为穿得太随意或者穿着过于暴露多少是个问题，甚至直接导致被淘汰。

在你离开家门之前……

· 确保你的衣服没有掉任何一颗扣子。

· 摘掉新衣服上的所有标签。

· 确保你衣服上没有沾上线头或宠物毛发。

不要携带这些东西……

· 看起来很便宜的尼龙材质公文包。

· 体积过大的公文包。（你没必要带很多东西来面试）

· 过大的钱包。

· 书包或背包。

你需要携带这些东西……

· 一个文件夹或者小巧的公文包，以及用来做笔记的笔记本。

· 多准备几份纸质简历。

第六章

求职成功后或者在职业生涯中绝对不能做的15件事

如果你在读这本书的时候就已经找到了新的工作，请让我和大家一起对你说：太棒了！祝贺你！干得漂亮！

如果你依然在找工作，那么这一章的内容很适合你。因为你一定会找到工作。你只需要在对的时间，找到对的人，解决了相应的问题，并让自己处于合适的情境（甚至天上的星辰和明月都会祝福你）。当你找到工作时，这一章会帮你做好充分的准备。

接下来我要讲你在求职成功后或者在职业生涯中绝对不能做的15件事——任何时候都不能做。了解了这15件事以后，你在职场中的下一次职业转变就更加顺利、高效，而且你的整个职业生涯也会更加成功。

这15个条目与你之前读过的内容格式相同（我也希望你认为它们都很有用），其中不仅列出了“不要做”的事，还有“要做的事”。在我本应讲述“雇主们会得出结论……”的地方，我会改为“其他人会得出结论……”因为这样更符合现实情况。“其他人”包括你的新上司、新同事、客户、顾客，以及你在工作中需要联系的任何人。

第一项：不要忽视那些曾经帮助你获得这份工作的人，以及帮助你在未来的职业生涯中获得其他工作的人

我们天生就会与别人建立联系。很有可能你就是通过这种方式在职业生涯中找到了工作，并发掘出一些有用的信息和其他资源。如果你用心与别人建立联系，你会通过这种方式在将来找准你的职业定位。

有太多人在工作中感到无所适从，或对他们的工作充满了恐惧。他们忘记了人性最基本的原则：我们生来就需要与他人建立联系，人们也可以通过帮助你来获取一些东西。

宏观物理学家和作家雷克·科斯纳说：“人类有一种互惠的本能，即如果我们帮助他人，他们也很可能帮助我们。”

精神治疗医师查尔斯·艾伦解释道：“这就像原始穴居人所做的，‘我挠你的背是为了日后我后背痒的时候你能帮我挠。’”

这些归结到一点就是，职业生涯需要借助人们之间的联系才得以发展。这些“联系”都值得关注。

3 个原则：关于如何对待职业生涯中与你有联系的人

1. 对每一位与你分享了时间和专业技术的人表示诚挚的感谢。至于他们是直接还是间接地帮助你得到这份新工作，这并不重要。无论他们是为你打了一通电话，还是坐下来与你交谈了两个小时，通过电话和邮件与你交流，或是提供了一些算不上热情的建议。

至少要给每个人都写一封表示感谢的邮件。

这些人花时间帮助了你，他们现在是你社交圈的一部分。因此，当你得到一份新工作时，请让他们知道你的最新进展。请你为他们每一个人写一封类似以下内容的感谢邮件：

亲爱的比琳达：

我很高兴地告诉你，我接受了 3D 打印机制造商 Baton 公司沟通部门的副总裁一职。这家公司能将数字化文件转变成三维物体，而这项技术在医疗保健、建筑业和其他行业均有巨大的发展潜力。

我的责任包括与媒体以及公司不断壮大的客户群进行日常沟通。我非常高兴能为这项全新的事业出一份力。

非常感谢你在我求职过程中给予的大力支持和鼓励，尤其是你向路易斯·拉蒙特推荐了我，他帮助我学到了很多有关这个蓬勃发展的行业的很多知识。我也祝愿你在来年获得更大的成功，希望能与你保持联系。如果你需要我的任何帮助，请随时告诉我。

此致

敬礼

如果你想向特别慷慨和乐于助人的人表示感谢，并希望他们永远记住你，你可以写一封邮件给他，寄一张卡片，或者送一束花、星巴克礼品卡、他们最喜欢的音乐CD，或者据你了解他们喜欢的其他事物。感谢他们如此值得信任，并在你需要帮助的时候伸出了援手。

2. 不要等到你需要帮助的时候才与别人联系。这会让别人感觉你很粗鲁。我知道你很忙，别人也是。你需要在繁忙的日常中经常抽出时间与别人沟通，不要再三犹豫，也不要等到你的职业生涯遇到困难或是你需要一份推荐信或其他信息时，才想起做这件事。

与别人建立联系这件事并不像那些间谍小说里写的那样，并不是使用各种阴谋诡计来使人们分享他们的通讯录。这是一个有机过程，就像种下一粒种子以后，你必须经常浇水。

这意味着你需要时不时地拿起电话，打给你认识的、喜欢的以及你想要给予回报的那些曾经帮助过自己的人。发一封邮件或短信，或者只是说一句“嗨，我正想到你了，问候一下”，你又不会损失什么。和他们一起吃一顿午饭，参加一些别人邀请你的、举办地点离你不远的重要活动，像他们曾经支持你那样去支持他们。

3. 不要期待不认识你的人能放下手中的事情来帮你。一些人可能会这么做，但大多数都不会。但如果他们所认识或信赖的人将你介绍给了他们，他们大多数还是愿意与你建立联系。

请你站在他们的角度想一想这件事情。假如你收到了一个叫阿黛尔·辛普森的陌生人发来的邮件，内容是：“你的堂兄曼尼·舍波维茨让我联系你……”由于你信任曼尼，所以你认为他不会将任何他不喜欢或者不信任的人介绍给你。所以你很有可能回复这封邮件，并和阿黛尔约好一个时间进行交流。你做这一切都因为她是你堂兄推荐的人，这可能会占用你的日程安排，但你愿意这么做。

我们生来就明白这个道理：我们需要彼此的帮助才能生存，才能发展自己的职业生涯。我们应该经常做这种天性使然的事情。

你不要做……

· 当你需要帮助或者你的职业生涯出现问题时，你才联系别人。

· 期待不认识你的人来帮助你。

· 在社交活动或商务活动中环顾整个房间，或者在与人谈话时中途离开，去接近你认为“很有前途”的另一个人。

· 期待别人帮助你，即使你不会给别人任何回报。

· 忘了让你社交圈的人了解你的新工作或与他们保持联系。

其他人会得出结论……

· 你不在乎和人们之间的关系——你只在乎能从他们身上获得什么。

你要做……

· 种下沟通的种子，主动与他人沟通，不要想着能从他们身上得到什么。

· 感谢每一位曾经帮助过你的人——至少写封邮件表示感谢。

· 向他人提供帮助。

第二项：别表现得你无所不知

如果你第一次来到一个新公司，请仔细听别人说的话。你需要仔细听，多观察。你做事情的方式或者对时间优先等级的判断都需要准确无误。没关系，你可以慢慢来。你要了解工作场所的基本情况、你的同事、工作遇到的问题以及人们做事的方式；工作中的事情如何得以完成——或者为何没有完成；人们如何沟通；他们是依靠邮件，还是像常人一样坐下来面对面交谈？

他们目前面对的最紧迫的问题是什么？他们的长远目标和近期目标各是什么？

如果你不保持低调并仔细观察一阵子，人们可能会对你有些反感。他们会认为：你以为自己是谁，到这里来表现得像个了不起的人物似的？他们会觉得你会抢他们的风头，通过损害他人利益来让自己表现得更好。他们会认为你不看重他们付出的努力，以及在你来公司之前他们为一些工作所耗费的时间和精力。

所以，当你想要立刻干涉或者改变一些事情时，请克制住你的冲动。

如果有可能的话，尽量你在新岗位工作的第一个月（或者更长）里，早一点来上班，晚一点再走。这样你会对这个公司和公司事务的运作有更深刻的了解。

根据你具体的团队和工作种类，与你有工作往来的人会面。提足够多的问题。和他们一起吃午饭，了解他们。

一位叫作吉娜的女士告诉我，当她开始做一份新工作时，她会特别注意“去了解保安人员和清洁员。他们知道公司的各种详细情况，还即兴地向我传授‘新员工指南’。他们知道每个人的工作安排。”

她补充道，他们有时候“甚至还了解公司的战略规划，因为公司的重要人物只把他们当作普通雇工，于是放心地在他们周围自由交谈。”

与你的直属领导坐下来交谈，确保你能清楚地知道他们对你有什么期望，你的工作需要优先处理哪些事务，他或她喜欢怎样的交流方式，以及多久交流一次为妥。

接着，当你熟悉了环境，了解了公司领导和同事、工作和政治相关问题以后，你就能更好地提供更多的想法和观点了。

当你在公司工作了较长一段时间以后，请注意，不要对别人的观点充耳不闻。尤其是新员工的观点。请记住，你曾经也是一名新员工。

你不要做……

· 随意打断别人的谈话，并立即滔滔不绝地讲述自己如何看待“某件事的做法”。

· 不接受新想法和做事情的新方法。

其他人会得出结论……

· 你不关心别人的想法。

· 你不尊重别人的知识和专业技能。

· 别人很难与你一起工作。

· 你太自我。

你要做……

· 多听，少说。

· 去了解与你一起工作的人——他们是什么样的人以及他们的想法。

· 在合适的情况下，听取多方意见之后再做评论。

· 了解你直属领导优先考虑的事务，以及他们喜欢的交流方式。

· 对于其他人的贡献表示感谢和理解。

第三项：不要假定“没人在注意你”

一位叫作鲍勃·埃尔金斯的男演员曾经告诉辛辛那提市的一批刚入行的电影制作人，行事要小心谨慎，因为“你们始终处于试镜的状态”。也就是说，你可能无形之中给别人留下了某种印象，而你却浑然不知。这可能会给你带来一些你自己并未考虑到的机会，或者丢失某些机会。当然这些机会并不只是来源于网络。

即使你不从事演艺行业，这个建议也十分有用。我的一位客户就是一家大公司的主管。每两个月她会和其他 14 位主管参加一次可怕的大型会议，讨论战略规划、投资和其他事务。而她的性格比较安静。她的脑海里有很棒的想法，却不说出来。直到几周之前她才知道，别人一直在为一个新的分公司高级副总裁职位来考察她。她最终没有得到这份新工作。

“他们跟我说，我没有充分表达自己的观点，我太羞怯，没人认为我是一个有战略眼光的思考者。我之前不知道自己其实一直在被某个尚未出现的事物评价着。”

你永远不知道谁在什么时候观察你。一家广告公司的老板向我讲述了某晚他参加当地一个广告俱乐部颁奖礼的情况。他发现“有一个家伙不停地被叫上台去领奖。当时我的公司并不缺人，但我下意识地记住了这个情形。”半年以后，当他的公司出现职位空缺时，他非常清楚应该找谁来填补这个空缺。

人们也会注意房间里能提出尖锐问题的人。这样的问题能够推动公司前进。人们坐直了身子，听这样的人如何对公司提出的设想发出挑战。这样的人会说：“为什么不这样做？还有别的吗？我们还能做什么？我们为什么不那样做？我们怎样才能重新做好这件事，并把它推广到其他地方？”

你或许无法在自己希望的某个具体时刻得到工作或升迁。事情很少会以我们想到的方式进行。但一个人的想法和印象一定会显现出来，事情会在对的时间发生。与此同时，请你思考：

· 你怎样做才能让你的同行注意到你？
· 你怎样做才能保证公司里的人都看得到你优秀的工作业绩？
· 你怎样做才能让自己在公司内外都有好名声？
· 你是否提出了挑战公司现状的问题？

埃尔金斯还说道：“好的演员是艺术家，他们能够聆听已出现的和尚且未出现的事物。”你可能不会成为演员。但如果你开始了你的职业生涯，你一定会仔细探寻暂未出现的事物，并为即将到来的机会做好准备。

你不要做……

·错过发表自己些许观点的机会。

·认为唯一重要的人是自己的直属领导。

·认为唯一重要的人是自己每天在公司看到的人。

其他人会得出结论……

·你没有领导才能。

·你缺乏某种“特质”。

·你没有太多的本领来为公司做出贡献。

·你没有战略眼光。

·你没有公司需要的任何东西。

你要做……

·寻找一些能让你在本行业里发光发亮、保持活跃的方式。

·寻找一些能让别人感受到你的存在以及充分参与公司事务的方式。

·提出尖锐问题。挑战公司已有的设想。比如“为什么不那样做？还有别的吗？我们还能做什么？为什么我们不能做那件事？”

·记住，你一直在为你的下一个职场角色“试演”。

第四项：不要只是关注自己能否被雇用

当你得到一份新工作时，你很有可能会：1）松了一口气，并且2）希望自己能在这家公司干得越久越好。如果工作不顺利，你将回到一开始的求职状态，并好奇：工作都去哪儿了？

如果你只关注自己能否被雇用，你就不会思考现在和将来更重要的事情——如何使自己无论何时都能被顺利雇用。

这意味着，随着这个世界、你所在的行业和公司的不断发展和变化，你需要思考一些新的方式来充分利用自身的能力和兴趣。

像这样思考便意味着你就不大可能总是问自己“我下一个工作要去哪儿找”，你也不会近乎绝望地保住你已有的工作。

没错，这需要时间。没错，世上的各行各业也会一直变化着——大多数都是因为科学技术的发展。但如果你做好了功课，你就会时不时地发现各种启发心智的新鲜事物。而这些会使你在将来的职业生涯中继续保持竞争力。

关键在于，你需要看清公司发展趋势，并提出问题：由于这些趋势，现在需要做什么？

《未来主义者》（*The Futurist*）杂志编辑辛西亚·瓦格纳说，有三种方法能帮助你做到这一点。其中一种为“革新”，即“思考自己如何在现有的工作中发挥一项新技能”。

一个例子来源于《纽约时报》杂志的一篇文章，它讲述了在新经济体系下，一位事业成功的水管工的故事。“他掌握了所有新兴的水流量传感器技术和管道配件革新……一年至少能挣十万美元；而其他只具有基本技术的水管工，一年挣不到两万美元。”

你如何能“革新”自己现在和将来的职业生涯？请向自己提出这些问题：

· 技术发展趋势和社会变革将如何应用于我的职业生涯？

· 在工作中，我能利用什么新技能和新知识来顺应这些发展和变革？

· 我是否能够在目前的工作中融入新的发展趋势？如果可以，怎么做？

瓦格纳还提出了“相互交融的职业生涯”这一观点。

当你将两个或更多互不相关的领域结合在一起时，就会发生这种“相互交融”的情形。你可以将不同工作或不同行业里的多个技能和方法结合在一起，形成一项新的专门技术。

她提到了人体和环境健康领域的工作融合，而这带来了环境健康护理这一新兴行业，该行业的专业人士将在适当的环境里对中毒的病人进行治疗。该领域的前景包括职业的和环境的健康养护。

再举一个例子。我的一位客户拥有 15 年的销售经验，并且他个人对克罗恩病（一种原因不明的肠道炎症性疾病，较难根治）很感兴趣。他拥有非常优秀的说服沟通技能以及演讲才能。他将这些技能与他的个人兴趣结合在一起，使自己成为一名专攻克罗恩病的医学教育工作者。

你能将自身拥有的什么技能、兴趣和天赋融合成一项全新的才能，来满足市场不断增长的需求？

第三种方法是“很好地解决一些老问题”。为了让你保持竞争力，请你看看人们遇到的问题，然后站在新的角度，想出新的方法，协助解决这些问题。

比如，信息沟通时代带来了诸多问题，包括隐私和安全。因此，这带来了一个不断发展的领域：电子足迹管理。

如今，隐私侵犯、恐怖主义和暴乱这些社会问题变得越来越突出，而网络、移民、安全防范、食品安全等领域里还将不断出现新问题。

社会趋势将不断变化，新的问题也将不断出现。为了支持客户和公司业务，我们还需要哪些服务？哪一种最让你感兴趣？

一旦你得到一份新工作，请立即向自己提出这些问题。你也需要时常问自己这些问题。

你不要做……

· 假定一切事物都会顺利进行。

· 认为你自己的工作将会一成不变。

· 认为只要自己工作干好了，自己的职业生涯就会平安无事。

你要做……

· 坐下来思考：有哪些技术和社会发展趋势会影响你的职业生涯和你所在的行业，以及你如何“革新”你的职业生涯。

· 想一想你能运用什么样的新技能和新知识来支持这些趋势。

· 问问自己：你能将自身拥有的什么技能、兴趣和天赋融合成一项全新的才能，来满足市场不断增长的需求？

· 看看现在出现的新问题，然后问问自己：还需要有什么样的新服务来支持我的顾客和客户，以及哪些新服务让我感兴趣？

第五项：不要变得粗心

你是否注意到，当你雇用某人（比如在你家做清洁，或者帮你除草）时，他们一开始总是满口承诺？接着发生了变化：他们变得粗心大意。

首先，他们迟到。有时候甚至完全忘记到场。“我最近很忙”是他们常用的借口。他们忽略邮件。他们开始忽略细节，而最开始他们曾经很注意细节。他们似乎已不像刚开始那样认真和投入。

雇主们也会发现类似的事情。我也不例外。

我前不久雇用了一位年轻女员工来帮助我打理社交媒体事务。她参加了我们的第一次会议。但第二次会议时，她就开始犯错误。我们将会议定在周六的一个早上。会议前一天晚上 19：30，她发来一封邮件，内容是：“您是否介意我们将会议改天进行？我周末已经有安排了。我想做别的某某事情。”我们之间的工作关系并不长久。

吉莉安·扎维茨是TalktoCanada.com（一家提供线上英语培训服务的公司）的项目经理，她招聘的很多新老师在一开始时都表现得很出色。“早上很早来签到，回复我所有的邮件，一切事情都按时完成。”接着，她说，“后来，他们的工作就开始变得随意。”

他们开始踩准规定的时间点来上班（而不像以前那样提前一些时间到场备课），编造一些很蹩脚的借口。扎维茨说，人们利用最近爆发的猪流感，“左一个右一个地请病假。他们还说闹钟没有响，头痛，或者刚服用一些放松肌肉的药物。我无法理解，为什么他们一开始要来这里工作。”

是什么发生了改变呢？

是不是像一些人说的，这一代人缺乏很强的职业道德，患上了“好员工变坏”综合征？但是这样指责一代人确实显得不公平。

一些人确实会比其他人更认真。而并不特别认真的人可能会在一开始表现得很认真——通常是因为他们在学习做一项新工作时需要集中注意力。而一旦当他们开始重复做某项工作时，做事的质量就开始下滑。

从心理学角度上讲，大脑为了节省能量就不再为工作投入太多的精力。显然“不太认真”的人并不重视工作所需的充分准备或注意力。

然而，认真做事的人更有可能将工作做好并不断进步。

如果你不够认真，那么你带来的麻烦会多过你的价值。扎维茨说，有时候公司就会“把腐烂的蛋扔掉，否则它会使周围的每个人都变质”。

另外一种情况，如果你是一个合同工，他们就再也不会与你联系。

你不要做……

· 一开始尽心尽力地做事，而一旦你知道工作套路之后便开始松懈。

· 兑现承诺时不如之前做出承诺时那样上心。

其他人会得出结论……

· 你不关心工作。

· 你不关注细节。

· 你其实并不十分喜欢这份工作。

· 他们不能信任你。

你要做……

· 将认真工作与工作成就联系起来。

· 更仔细地检查工作。

· 下定决心，在今后的项目上花费比之前完成的项目更长的时间。

· 恪守你的承诺。

第六项：不要以为你已经了解了做这份工作的所有事情

如果你要找下一份工作，并在你擅长的领域或者全新的领域里发光发热，那么你的成功之路将归结于一个问题：你将如何避免与工作脱节？

答案就是你需要不断思考自己如何能与工作保持紧密关联。如何拥有相应的知识、技能和心态，来帮助你的雇主或者新公司取得成功，或者让顾客保持愉快心情，并吸引新的顾客群。你只要将个人发展放在首要位置，就能达到这些目的。

彼得·德鲁克被誉为现代管理学之父，是当代最有影响力的企业和社会思想家之一。他的思想影响了汤姆·彼得斯（著有多部管理学书籍，被誉为“商界教皇”）、杰克·韦尔奇（前通用电气董事长兼首席执行官）、安德鲁·格罗夫（前英特尔集团首席执行官）等人物。作者威廉·科恩在《德鲁克的一课》（*A Class with Drucker*，AMACOM出版社于2007年出版）一书中阐述道，德鲁克在个人发展中主要运用了四种工具：阅读、写作、聆听以及讲授。

所以，你应该问问自己：

· 我需要阅读和研究什么来帮助我的公司或者新公司不断发展？我需要学习什么，来帮助公司不断进步以及强化我自己的工作技能？

· 我需要写什么来表明我的观点或者去影响他人，让他们帮助我们保持竞争力？

· 我需要去见谁，去聆听谁的意见？这样就能深化我个人的见解，帮助我的公司或者另一家公司保持竞争力。

· 我能讲授什么以形成自己的观点，并阐明我的思想？

正如科恩指出的，德鲁克曾这样告诉他自己的学生，“最好的学习方法是讲授”以及“我在教别人的过程中理清了自己的思想”。

如果你经常思考“如何避免与工作脱节”，那么你的职业生涯就会持续的更久，能有更好的发展。当你这样做时，你就能将竞争者远远地甩在后面。

你不要做……

· 不再阅读、研究和发现新点子。

其他人会得出结论……

· 你并不清楚最新的趋势和观点。

· 你无法帮助公司保持竞争力并不断发展。

你要做……

· 避免与工作脱节。

· 强化自身技能。

· 写下你的想法，以便清楚地表达自己的想法。

· 与他人会面，聆听他人想法，以深化你的见解。

· 在讲授过程中形成自己的观点。

第七项：别忘了记录你的成就。

你还记得我们在第四章讲的第一件事情吗？“不要谈论你无法有力支持的观点”。那么，为了让一位雇主看到你的价值，你将如何表达出自己的观点呢？

为了让雇主看到你的价值，你需要带上你的“证据”。比如举一些具体的例子来让雇主们明白你能够解决他们的问题。这些证据会让他们说：“好的，我明白你以前是怎么做这些事情的了，那也是我们需要你为我们做的事。”

如果你一直都在很好地记录自己的成就，那么这件事对你来讲就不会很难。但如果你从未做过相应的记录，你就需要下点功夫了。直到你找到下一份工作之前，这件事都不应停止。

之所以你需要继续记录自己的成就，是因为：

· 你永远也不知道你什么时候需要找下一份工作。任何事情都可能会突然变化。一旦到了新岗位，有了新角色，你需要和别人分享新的“证据”。如果你不记录这些成就，当你需要它们时，你会完全记不起来。

· 当你在简历上写下你在新岗位所完成的事情时，你需要加入一些例子来佐证。如果你之前记录了自己的成就，当你需要时，这些信息都将信手拈来。

· 你需要让上司了解你完成过哪些很不错的项目。这包括你正在从事的工作和你完成的项目。如果你不记录这些，你做过的所有事情都会含糊不清地混在一起，你会忘记有关它们的种种细节。但如果你记录了，你就能更容易地回顾自己的工作表现。

记录这些信息并不复杂。准备一个笔记本、文件夹或者在你电脑上或者其他电子设备上建立一个文档，当你做完一项工作时，就用这些工具记录下你所完成的内容。格式如下：

“5 月 20 日：在工作的前两周，我向高级管理层、整个头发护理分部门以及市场营销部门做了一次长达两小时的演讲，制订了新的全球战略。每个人都很喜欢我讲的内容。”（希望你能够在六个月以后为该条目补充更多内容，比如描述下这个战略所达成的优秀业绩。）

你不要做……

· 一直等到你需要回顾过去的工作表现时，或者需要一份能表明自己如何能为新公司带来价值的简历时，才想起应该做点什么。

你要做……

· 养成习惯，每过一周左右的时间问问自己这一周我完成了什么，然后记录在你专门的文件夹里。

第八项：不要指望任何人来管理你的职业生涯

即使有一位导师或者教练承诺指导你职业生涯所走的每一步，或者你的一位主管深信成功的职业生涯规划会助你成功，也请你不要依赖他们。你是否注意到，他们跟你一样，工作忙得不可开交，压力很大？

养成一种新的习惯可以让你目前的职业生涯保持安全和稳定，这个习惯就是“自我监管”。

之所以你需要养成这个习惯，是因为在现实中，别人都忙于处理他们自己的问题，没时间担心你的职业生涯。

对于“你要去哪儿”以及“你如何到达这个目的地”这类问题，都需要你自己去解决。确保你达到自己目的的唯一方式就是进行自我监管。

你可以买一个纸质笔记本（或者在电脑上创建一个文档），只用来做“自我监管”这件事。

你将主要关注两件事。第一，你自己。

在家里或者任何能够让你安静地独处 10 分钟的地方，回答与你有关的五个问题：

1. 我需要朝着什么方向努力？我是否有一个特别的目标，比如专业知识达到某个水平或者希望实现某个头衔？

2. 为了达到这些目标，我还需要学习什么？如果我需要在本岗位具有充分的竞争力，甚至将我的工作岗位提高一个层次，我还缺少什么？

3. 我还需要掌握什么内容才能使自己充满自信，使自己达到最佳状态？为了不断进步，我还需要学习某些特定的技术或技能吗？

4. 什么样的经历、培训、宣传或思想方式将帮助我达到我刚才写下的这些目标？

5. 现在，我需要怎么做才能达成这些目标？

当你回答完这些问题的一个月之后，为自己安排一次“会议”。在“会议”中，问问自己是否做了我需要做的事情来取得进步。紧接在一个月安排一次会议来检查自己所做的事情。每个月都进行一次自我检查。

第二件事和我在第六项里提到的“保持与工作的紧密联系和竞争力”很类似。跟踪相关信息（也就是我在第六项里让你向自己提出的问题），并将它们作为你的行事指南。记住，你不能一有成绩就满足于现状。

因此，自我监管的第二种方式就是始终以更宏观的眼光去了解全球时事，尤其是你所在行业发生的事情。

除了经常阅读重要的行业新闻以外，还需要了解世界新闻，并与其他人交流，知道他们在想什么，并记下他们的观点。然后，在你专门的笔记本里或者电脑文件里对以下问题作答：

·经济变化以及类似的社会趋势（比如人口增长、人的寿命增长、传统文化的缺失和环境的破坏）将会给我的工作带来怎样的影响？

·我发现哪些问题可能影响我所在的行业，但没人来处理这些问题，而且这些问题很有可能会变得越来越严重？

·技术的发展将如何影响我的专业？

·我已经想到了这些问题、变化和趋势，那么我还需要做什么来增强我对雇主或客户的价值？我还需要学习什么或者做什么来保持现状？

半年过后，请再为你自己安排一次“会议”。问问是否完成了自己制定的目标？还有什么也发生了变化？

你不要做……

· 误以为一位导师、教练或者经理在为你的职业生涯考虑。

你要做……

· 仔细思考，并在一个专门的记事本里写下你正在朝着什么方向努力，以及你将怎么做才能达到目的。

· 为自己安排“会议”，检查自己的进度。

· 了解会影响你工作的经济变化和发展趋势，以及你能为这些变化和趋势做些什么来为公司带来更多的价值。

第九项：不要忽视你自己的和别人的感觉

每天来工作时，人们不会把个人问题、不安分的心思、怪异的个性留在家里，而是直接带着它们走进办公室。这就是为什么工作中会有那么多让人烦恼的冲突，以及那么多让你轻易失去理智的情形，而这些仅是其中的一个原因。

任何一天里都可能有几百件事情让你烦躁不安。你和顾客、同事和上司之间有很多亲密互动，这会让你产生很多情绪。由于人们对待他人、面对压力或处理冲突时失当，导致很多人失业，以及他们的职业生涯脱离正常轨道。

这可以归结到一点：人们不明白自己应该给人留下怎样的印象。他们不知道自己是因为无法掌控情绪才被公司扫地出门。他们没有注意别人的情绪，一些最聪明的人也不清楚这一点。你的智商可能特别高，但你的情商可能不够高。

“情商”这个学科已经被研究、探索和讨论多年。丹尼尔·戈尔曼是《情商：它为什么比智商更重要》（班坦图书公司于1995年出版）一书的作者，他关注人们情商方面的重要能力，比如“自我意识、自我约束和能否感同身受，以及聆听他人、解决争端和合作的能力”。

《时代》杂志、“20/20”（一档美国电视新闻杂志节目）和奥普拉脱口秀都提到过这个概念。但依然有很多人将情商与“待人友好”混为一谈。

我听过很多人强调他们没有时间关注自己的感受，更不用说别人的了。但你要知道人不可能没有情绪——即使你正在工作。

这里并不需要讲深奥的科学道理。戈尔曼提出了两种思维——感性思维和理性思维——这两种思维既紧密联系，又和谐共存，一起影响我们为人处事的方式。“而一旦情感发生剧烈波动，它们之间的平衡就会被打破。”他说道，并且此时情感思维占了上风。

哈维·得奇道夫所著的《另一种智慧》（AMACOM出版社于2009年出版）将情商定义为“人类自身拥有的多种特性和工具，情商使人类能够处理周围环境带来的压力，满足自己的需求”。他将这些特性称为“更高级的常识”。

“测试表明，工作中27%至45%的成功要依赖情商。”他说道。

你也能增强自己的情商。首先你需要深入研究它到底是什么。请试着用新的方法接触人们。

“情商”的其中一项内容就是“感同身受”，也就是注意并承认别人的感觉。这种能力可以让你“看到那个人所处的情况，然后退一步思考，并为了那个人的最佳利益做出行动。”得奇道夫说道。

如果你暂时不能轻易做到这一点，不妨尝试得奇道夫的这一条建议。首先以正在聊天的一群人（你并未直接参与其中）为观察对象，然后试着通过每个人的语气、面部表情以及具有言外之意的词句来弄明白每个人的感受。

曾经与我共事的一些最有价值的员工都拥有很高的EQ（情商）。他们相信自己能说出正确的话，并且在繁忙的事务中也能表现出最好的工作状态。他们有着正确的方法和一定的敏感度来处理让人不悦的谈话。他们能顺利传达自己的观点，同时维持双方的友好关系。

聪明的员工都知道这样一个道理，即使现在各种任务都可以通过高科技来完成，我们在生活中也需要与真实的人有密切的接触。

你不要做……

·不重视你给别人留下的印象。

·忽视别人的感受。

·忽视自己的感受。

其他人将得出结论……

·别人将很难与你相处。

·你不关心任何事或者任何人，只关心自己。

·你不关心别人，不关心这个时代发生的事情。

你要做……

·关注自身感受。

·学会感知他人的内心感受。学会观察——注意人们说话的语气、面部表情以及言外之意。

· 学会退一步思考，了解哪些事情符合别人的利益。
· 密切注意你通过哪些方式给人留下印象以及人们如何对待你。

第十项：不要坚持认为自己知道事情将如何发展

你到了新岗位，如果一切顺利进行，你会很开心，好好工作，并且会工作较长的一段时间。当然没人能很肯定地说事情将如何发展，没人能很肯定地预测你的公司和这个行业将出现什么变化。当今社会充满了太多的不确定因素。

因此，当你不知道接下来会发生什么时，你将如何为未来打算？

有一件事我们很清楚：由于“信息技术呈指数型增长”，社会的变化速度在不断加快。该观点来自雷·库兹韦尔，我曾经在“世界未来 2010 大会”上听过他的演讲，也为自己的专栏采访过他。

被《企业》（*Inc.*）杂志誉为“托马斯·爱迪生合法继承人”的库兹韦尔是一位发明家和作家，他向我们展示了变化究竟发生得有多快。

“火、石头工具和轮子这些技术的雏形，经过了几万年才被人们广泛使用。”库兹韦尔说道，“古腾堡发明的印刷术花费了大概 400 年才让普通民众得以了解。电话机花了 50 年才走进 1/4 的美国家庭，而手机花了 7 年。社交媒体、维基百科和网络博客则花费了大概 3 年。”

在不确定中思考今天，思考将来并作出决定，这种行为叫作情景规划。第二次世界大战过后，军队就会使用这种工具来假设敌人可能的动向，并制订相应策略。

早在 20 世纪 70 年代，壳牌石油公司就已经在广泛使用这种工具探究可能影响油价的事件。

情景规划是以实际为基础，有条理地“憧憬我们自己的未来”，库兹韦尔说道。它能为你展现出“未来可能出现的情境，而不仅仅是对现有趋势作出推测”，并让你在了解到事情可能的进展之后，协助你在今天做出决定。

它不仅促使你提出这样的问题：“影响我所在行业以及我职业生涯的驱动力来自哪些方面，是经济、政治、技术、法律，还是社会？”还有这些问题：“哪些无法确定，而哪些可以预测到？基于这些不确定因素或者可预测因素，还有什么可能发生？如果它们不发生会怎么样？这样一来将如何影响我所在行业或我的职业生涯？”

“情景规划能帮助你预演自己对未来可能出现情况的反应，并在事情尚未发生之前就注意到早期迹象，并警醒自己。”智囊团“全球商业网络”的联合创办人劳伦斯·威尔金森在《连线》杂志（2009年刊）里说道。

这样思考能使你在看待自己的未来以及考虑如何达到未来的目标时更有创造力。它还能使你预测到未来的变化，并为此做出更充分的准备，比如考虑后果、风险和机会，并想出可行的替代方法。

而不这样思考可能让你“在遭遇事物剧变时手足无措”，《前瞻的艺术》（双日出版社于1996年出版）的作者彼得·施瓦茨说道。

不这样思考还可能让你不太愿意冒一些风险。这种思考需要一些磨炼，以及最难的一件事：不再坚持认为自己很清楚事情将来会如何发展。因为正如未来主义者们津津乐道的：没人能预测将来会发生什么。

你不要做……

· 专注于做出完美的“正确”选择。

· 认为只要自己研究充分，就能排除所有的不确定性。

其他人会得出结论……

· 你不愿意尝试新事物，不愿意犯错。

· 你的控制欲太强。

你要做……

· 进行一场头脑风暴（自由联想和讨论），并从实际出发憧憬未来。进行情景规划，也就是对于未来想出多种可能的画面。

· 发现事物的早期迹象，并提醒自己。

· 预测到事物的变化并做好准备，比如考虑后果、风险和机会。

· 想想什么会影响你的行业或职业生涯。

· 在理解的基础上，思考事情可能的发展。

· 想出可行的替代方法。

· 准备好应对“如果发生了……事情，我该怎么办”这类问题。

第十一项：不要让你的灵魂被吸干

你知道大多数人说起自己的工作时会抱怨什么吗？“我们在工作中花了这么多时间，却没有一点成就感。”

他们在截止日期前做完一个任务，又马上做下一个紧急任务，回复所有的邮件和短信，划掉待办事项上已完成的条目。他们想知道：“我做的事情如何能有更多的意义？”

对于一些人来说，他们需要换一种完全不同的工作。问自己一些问题，比如：我想要如何支配我的时间？我想和谁一起度过某段时间？我想要创造什么或者想要为谁服务？这些都是值得多次回顾的问题。

对你的工作进展进行多次评估也是很明智的。你可以问自己：我是否利用了我最擅长的技能？我是否依旧喜欢这份工作？在这个岗位上以及在这家公司里，我希望如何成长并不断进步？

但有时候，当你在工作中决定达到某个目的而不只是完成工作目标时，你会有更强的成就感。

我知道你的公司制定了各种目标，以期获得成功。但正如信息技术服务公司 IMPAQ 的首席执行官马克·塞缪尔在他的著作《让你自己成为不可或缺的人：个人责任的力量》（Portfolio 出版社于 2012 年出版）里所提到的：“如果你仅是想着把事情做完，而没有更长远的目标，那么你在重复的工作中就会慢慢有一种‘空虚’的感受。”

选择做一个目的驱动型或目标驱动型的人与“你的成功、你的重要性以及你的成就感有着紧密的联系”。

当你的公司为了达到一定的顾客满意度、销售量和产品质量而定下目标时，“你就会忙碌起来，做领导安排的事情，而不是做出有意义的贡献。”塞缪尔说道。这个过程中“长远的目标”并未清楚地体现出来。

但如果你追求长远的目标，你就会致力于自身的工作。“当你对工作如此投入时，你不仅会有令人满意的工作表现，表现出良好的沟通方式，而且会取得非常优秀的工作成果。”

因此，假如你的目标是拥有满意的顾客，“你最在意、关注和需要投入最大精力的事情是服务你的顾客，他们会促进你的沟通、工作表现和行动。你会全心全意地服务你的顾客，因为这是你的目的。”塞缪尔说道。并且这会带来更多的个人成就感和价值。

你不要做……

· 忘了停下来对你最近的工作进展进行评估。

· 只是完成工作目标。

· 仅仅核对你每天的待办事项清单。

你要做……

· 选择追求更长远的目标。

· 每隔一段时间就停下来，问问自己一些重要的问题，比如你是否正在做你真正想做的事。

第十二项：不要带着怒气离职

你会有很多理由辞掉一份工作，可能你只是在这个新岗位上待了几个月，但你很清楚——这不是你想要的工作。

或许当你工作多年以后，“职场蜜月期”才结束。你明白现在应该做出改变，并开始从事其他类型的工作。你离职的原因会很多，比如工作变得无聊，每天的工作任务让你无法忍受，你和上司互相看不顺眼，或者公司文化很不适合你，当然还有很多其他理由。

但当你决定离开时，你没有理由再不做出任何解释的情况下怒气冲冲地离开；或是在一天工作结束之后说声“拜拜”，然后发一封辞职邮件，并且表示你不会回来继续工作。这些都是胆小鬼才会采用的辞职方式。

而且，基于多种原因，这是一件错误的事情。首先，你将自己的名誉置于危险的境地。这件事迟早会尽人皆知，人们会知道你曾在哪里工作以及还有其他人也在那家单位工作。如果有一天你突然离职，人们免不了会说闲话。

当你之前的上司和可能会雇佣你的新雇主交谈时（为了方便论述，我们假定他们彼此都认识），这场对话可能会是这样：

潜在的新雇主：“露茜 · 拉布巴顿刚和我们联系了工作的事，发生什么了？”

前上司：“说来也很奇怪。她周二没来上班，然后第二天她发来了辞职邮件。原来她半夜来办公室将她的东西全部搬走了，还从电脑里拷走了一些公司内部信息。”

你觉得人们通过这些事情会如何看待你呢？显然会认为你不太专业。你不向上司提前打招呼，发个邮件就离职的行为实在是太鲁莽了。下班后回到办公室并拿走公司内部资料则是另外一个问题——这种事你绝对不能做。

这两种行为引出了多个有关你品质的问题：你是否成熟？是否有批判性思维？是否正直？是否能够与他人友好沟通、和睦共事？

你这样做，还毁坏了你与前上司之间的关系，以及你与认识他或她的人之间的关系，这种关系网会影响到很多关系。现在有研究表明，一个人平均可以通过4.74个熟人就能认识世界上的任何一个人。

我要表达的意思是，这个世界很小，因为现在消息传播得特别快，这势必会影响你找到新工作的机会。

有些人在离职时更是直言不讳地表达了他们内心的愤怒。你可能还记得格雷格·史密斯在2012年3月14日的《纽约时报》上刊登的专栏文章（以及七个月之后写成的一本书）里提到他离开高盛集团的原因。你更不会忘记美国捷蓝航空公司的某个乘务员于2010年辞职时的情形，据说他公开宣布自己辞职的信息时满口脏话，并用“我简直受够了”这句话作为结束语，然后他抓过几瓶啤酒，打开了飞机的紧急逃生滑梯，滑到了飞机跑道上。

如果你一旦发现自己处于类似的情绪状态下，请你在点燃心中的暴怒之火前仔细思考你究竟想要达到什么目的。你一定要告诉公司以及其他人你真正的想法吗？它哪里惹了你？离职时表现得小题大做往往没有好结果。

如果事情进展不顺利，那么你可以根据具体问题和情况与上司进行一次谈话，这样你也能了解这个情况是否可以改善。但如果你执意要走，请以一种适当的方式离开，一定要提前告知上司，这样就不至于让你的同事和上司处于尴尬境地。即使离职也能保住你的名誉。

没错，与上司进行一次交流对你来讲并不容易，但这是必需也是可行的。你可以关起门来做这件事，若能面谈自然最好，请保持你的音量不会被门外的人听见。

向上司解释你离职的目的，并为自己曾拥有的工作机会向对方表示感谢。不要提负面信息，说话要简洁，并表示愿意做好交接工作。

事后再发送一封信，说明你离职的原因，离职生效的日期，以及再次为自己曾拥有的工作机会表示感谢。

正确地处理了这些事情后，你在面试下一份工作时就不会那么尴尬和困难。但即使你离职前已经找到了下一份工作，你也最好写一封体面的离职信。你的这次离职依然会留在你的生活中，成为一道抹不去的历史。因为你可以一个人悄悄发泄这些不满，这或许对你有所帮助。但在公共场合这么做，或者不给出一个合理解释就这样做可能会对你的职场生涯带来非常大的危害。做正确的事情或许很难，而你一旦努力做了，整个职业生涯则会变得平坦很多。

你不要做……

· 带着一种“我要辞职!”这样的愤怒离职。

· 在辞职信中提到辞职的理由时写的全是负面信息。

· 将离职搞得沸沸扬扬。

· 写一封邮件就轻易离职，然后再也不回来。

其他人会得出结论……

· 你不成熟，不专业。

· 你不正直。

· 你不擅长沟通。

· 你无法处理棘手的问题。

你要做……

· 与你的上司进行一次私密谈话，以事实为基础谈谈你的想法，并表示愿意做好工作交接。

第十三项：不要只为别人工作，而不为自己工作

有人（可能是我丈夫，他经常跟我讲很多充满智慧的小故事）曾经告诉我，如果要写作，请先为自己而写作。“让你自己成为你的第一个读者。”他说道。如果你无法欣赏或是不喜欢你写的东西，或是不觉得它有什么好，那么别人也会如此认为。

我喜欢这条建议。每当我写专栏文章或者写下书里的任何一句话时，我都会记得它。它让我做到了最好，并真正喜欢我自己的作品。

我认为，这一项原则适用于任何工作。无论你做什么，你都应该成为自己的第一位观众。不管你是在整理货架还是为公司董事长准备一份报告，请按你为自己设定的最高标准来完成一切工作。

如果你在写简历，请首先为你自己而写。简历所包含的信息需要体现出你希望给别人留下什么印象。你还记得“当我离开之后我想要给人们留下怎样的印象”练习和“我想给人留下什么印象”环节吗（都在第二章里）？没错，请记得我们早些时候谈论的内容。想想你这份将要寄给潜在雇主的简历会被哪些人看到，确保你的简历内容精确，不包含任何夸张成分。但首先请按照你的标准来写，确保它包含了你需要的所有信息，这样你就能对自己说，*这是我能写出的最好的简历了，我感觉很不错。*

当然，你的上司、上司的老板、同事、客户、读者、观众——你辛勤劳动成果的任何受众——会很高兴地看到你做到了最好。如果你一直是自己的第一位观众，那么这些都会自然而然地发生。

你不要做……

· 你工作只是为了让别人高兴。

你要做……

· 成为你自己的第一个观众。

· 做的工作让自己感觉良好，并达到你的标准。

第十四项：认真对待你的网上形象

既然你已经找到了新工作，请别忘了及时更新你的个人信息。比如说到现在为止你的领英资料显示你还在求职状态中。所以你可以考虑移除（在“求职机会意向”下的）表示“你愿意接收岗位邀请”这一选项的勾号。（我知道有些人被辞退的原因就是他们的上司发现或者认为他们正在找新工作。）

更新你的个人总结和个人经历。你现在已经不再是正在求职的房地产专员，而是“马克与曼迪房地产公司”的员工，负责帮助三州地区（纽约、新泽西和宾夕法尼亚州）的业主们更快、更高价地销售他们的房屋。请将类似这样的信息写进你的个人资料中。

如果你需要在工作中尝试吸引客户，那么你说话时请务必注意策略。比如说，你不能仅是列出你的“经济学家”头衔，你还需要回顾你在“我想给人留下什么印象”环节里使用过的词汇。比如像这样：“我是一位经济学家，专门为我的客户解决与营利性、经济模型与经济预测相关的复杂经济项目。”

领英网络的企业沟通部门主管克丽丝塔·坎菲尔德说道，不要做一个“贪婪的”网络使用者。这样的人始终在寻求帮助，搜集联系方式和信息，但从来不帮助别人。

寻找与别人建立联系的方式。阅览领英发送给你的“状态更新”，比如某人得到了升迁机会或者拥有了一位新客户，请对这些人表示祝贺。

在社交圈中寻找有趣的人，并与之会面。参加集体活动，回答人们提出的问题。

我们曾在第四章第十五项里提道：在联系潜在的客户或者其他人时，不要对你们之间的关系撒谎。不要随便说“我认识你”，但其实你并不认识。如果你想要见某人，我再次重申一下，最好的办法是请你认识的某个人将你介绍给他。如果你需要向这个人直接发信息，请保证你的信息充满个性。

既然你已经到新公司就职了，那么请你不要夸大你的工作内容或者捏造这家公司所从事的业务。

在个人资料里贴一张照片。当人们看到你的脸时，他们会对你更加信赖，感觉更亲切。如果你想请一位潜在的新客户喝咖啡，知道你的样貌会让他们更容易找到你。上传照片时请保持专业，你可以使用一张面部特写照片。我知道有些求职者使用了在上一家公司做公关时的或者之前公司内部使用的照片。这些照片的所有权通常属于你的上一位雇主。如果你想使用，应先征得他们的同意。

还有，请不要上传你“金鸡独立”的瑜伽造型的照片，除非你确实是一名瑜伽教练。

请记住，你现在代表你所工作公司或机构的形象。你所说的一切都代表了这家公司以及该公司做事的方式。

因此，你在脸书或推特这些社交媒体上发布内容时需要格外小心。就拿杰伊·汤森举个例子吧，他是纽约州代表南·海沃思的竞选顾问。2012 年 5 月 26 日，他在脸书上发布了一条评论，怂恿人们对民主党女立法者大加讽刺，原因是因为这些人与他意见相左。结果，一周之后他辞职了。但与此有关的论战还在继续，于是他在脸书上发推道歉，内容如下：

“我在脸书上曾发表了一条没经过大脑的、麻木不仁的愚蠢评论。”他还说，“这是我的错误，也仅是我一个人的错误。这条评论绝不代表我所服务的人或者其他任何人的观点。”

但这条评论确实会折射出当事人雇主的观点，并且雇主也会这样认为。

在你发表任何网络言论之前，请思考这个问题：这条言论是否愚蠢、没经过大脑，并且让自己显得麻木不仁？这会对我所在的公司造成何种影响？陌生人会如何解读这条言论？

别忘了，你写的任何东西（包括邮件）都能被轻易地转发和阅读。因此，在你公开发布或者向别人发送个人观点或评论之前，想一想你究竟要表达什么，以及别人读到这条信息是多么容易的一件事。

我见过人们的邮件或脸书上各种各样的本不该出现的对话。一些是对敏感话题发表的言论，或者情绪激动时发表的、很容易被误解的内容。有一些事情需要你拿起电话和某人作进一步的解释。

无论你是否要在网上发布内容，请你始终考虑这个问题：你所选择的措辞或行为将影响你的整个职业生涯。摄影师伊芙·阿诺德便完美地诠释了这一原则。

阿诺德享年99岁，“她在赢得名人的信赖之后为他们拍摄亲密时光的照片，并因此广受赞誉。”《纽约时报》（2012年1月5日版）刊登的讣告如是说。

该报纸讲述了这样一个故事。女演员琼·克劳馥聘用阿诺德为她拍照，来为她的新电影宣传造势。当克劳馥到达拍摄现场时，她喝醉了，并且要求给自己拍裸体照片。阿诺德一开始提出了异议，但还是按要求拍了照片。但几天过后，她将底片给了克劳馥，并向其保证，这些照片绝对不会见报。

阿诺德告诉伦敦《独立报》，她“从未想过将这些裸体照片公开发布。与其说她担心克劳馥女士的形象，不如说她更在意自己的形象”。

“我并不认为那些裸体照片会给我带来什么好处。”她说道，“我在意自己长远的职业生涯。”

你不要做……

· 不能及时更新个人资料信息，而这些信息显示你处于求职状态。

· 通过领英联系潜在客户或其他人时说“你认识我”，而其实他们并不认识你。

· 夸大事实，对你的资质或你的公司信息撒谎。

· 成为一个贪得无厌的网络使用者。

· 在网上发布没经过大脑的、麻木不仁的愚蠢言论。

其他人会得出结论……

· 你不诚实。

· 你不正直。

· 你不值得信任。

· 你不用大脑思考问题，显得麻木不仁。

· 你只关心自己。

你要做……

· 更新你的网络个人资料，表明你现在的状态。有策略地选择措辞，将自己打造成你希望呈现的样子——你是一名专业人士，能够帮助潜在的客户或顾客解决问题。

· 请你的熟人将你不认识的人介绍给你，或者利用领英的站内信功能向对方发送个性化的信息。

· 思考你发布的信息将如何影响你的雇主。

· 寻找与他人建立联系或者支持他人的方法。

第十五项：不要忘了当初是谁帮助你走到今天这一步

你在整个职业生涯中会遇见很多人（不仅是这一次求职），而他们是很特殊的人群。

他们无声地为你提供帮助，而你永远不知道自己需要这些帮助。你只会完全沉浸在成功的狂喜中。

当你刚开始求职时，可能就会发生这些情况。某人帮助你赢得了第一位顾客或客户，这个人可能是与你一起打拼的一位导师或者同事；某人给你一个机会去创造自己的一生，而之前却没有别人给你机会去创造属于自己的一生；一位客户为你介绍了新的机会，让你的业绩翻了一番。

请记住他们的好，并确保他们能得到不错的回报。

首先，这意味着永远不要忘记他们曾给你的帮助。也就是说，你绝对不要做任何伤害你们关系的事情，即便这件事对你的职业生涯或者业务有所帮助。

一家小型销售企业的企业主詹姆斯告诉我他获得了一个非常棒的商业机会，有人（假定此人叫唐）将他带到一个刚刚起步的大项目里。当时詹姆斯为唐工作，因为这个项目来自唐的客户。由于詹姆斯的工作表现非常棒，以至于这个新项目的创办人背着唐悄悄告诉詹姆斯：如果他甩掉唐直接为他们工作，那么他们会给他更多的报酬。

詹姆斯拒绝了。因为他对唐有感激之情，是唐把这个机会介绍给了他。他没有忘记帮助他走到今天这一步的人。

你不要做……

· 背叛那些曾经帮助你获得成功的人。

· 将你与别人的关系置于危险的境地。

· 忘记了当初是谁帮助你取得了进步。

其他人会得出结论……

· 你不够正直。

· 你的道德品质让人怀疑。

· 你不值得信任。

· 你只关心你自己。

你要做……

· 你希望别人怎么对待你，你就怎么对待别人。

· 带着更多的关怀去对待曾经帮助过你的人。

· 请记得当初是谁帮助过你。

能助你职业生涯一臂之力的其他“禁忌”

· *不要过河拆桥*。正如我们在第四章里提到的，最好不要向别人抱怨你之前的雇主、客户和同事——任何时候都不要这么做。你永远也不知道在以后的职业生涯里，你何时会再次遇到他们。

· *不要假定你的老板很清楚你在努力地做什么以及你做得有多好*。每一个人——包括你的上司——都在忙着解决他们自己的问题。你需要主动让他或她了解你工作的最新进展。主动与之联系并安排会面，或者坐下来做一次最近的工作汇报。讨论工作表现的会面不一定非得安排在每年那一两次特别正式的工作回顾会议期间。

· *不要撒谎*。撒谎从来不会带来好结果，永远不要这么做。

· *不要忽略曾经向你伸出援助之手的人*。你一定有过这种感觉：坐在那里焦急地等待某人的回复，想着什么时候才会有人回你的电话或者回复你的邮件，这会让人抓狂，所以不要对别人这样做。

· *不要迟到*。人们会因为等你来开会而讨厌你，他们的时间和你的一样宝贵。当你安排好了时间并承诺会按时到场时，请你按时到场，就这么简单。

· *不要想当然地以为公司会让你晋升或者给你涨工资*。公司欣赏有价值的、并且会做些事情来不断提升自我价值的员工。因此，首先你需要比任何人都更清楚应该如何做这份工作。确保你全身心投入自己的工作，并帮助公司获得成功。

为自己建立“乐于助人、扶持他人”的良好声誉。主动帮助别人，主动承担工作描述里并未提及的或者不在职责范围以内的事情。当时机合适时，你可以提出升职的要求。向别人展示你如何提升了自我价值，为什么值得获得升职或者涨工资的机会。

将工作做完还不够。曾有人说：“人们将评价已经完成的工作。”但如果工作很好地完成了，人们不仅会做出很好的评价，还会给予嘉奖。

结 论

如何在这个野蛮而疯狂的时代获得成功

在过去的35年里，没有人不无时无刻为自己的职业生涯、找到工作的能力和总的财政状况而担忧。

有无数的事件导致了这样的忧虑。20世纪70年代早期出现的石油危机；80年代和90年代早期发生的储蓄和信贷危机；放缓的经济增速；通胀率猛增；经济滞涨；经济衰退；非法的和不道德的业务行为；信息技术革命；2000年爆发的互联网泡沫；以及最近（2007年年末）爆发的经济危机，或许还有上述内容以外的因素导致了人们的忧虑。

如果一个事件没有在某个时间发生，另一个事件就会发生。这个社会始终会如此。每个时代基本上都很野蛮而疯狂，就像现在一样，或许今年会是历史上最困难的一年。

只有一种方法让你平安度过这段野蛮而疯狂的时代：保持高瞻远瞩，关注你能带来的结果，将你的价值变成习惯，并用你最佳的工作表现让雇主们刮目相看。

请你不要做这件事：在屋里踱来踱去，抱怨现在是最糟糕的时代，没有公司在招人。相反，请你问问自己：我是否尽自己所能作出了改变，适应这个环境，保持与工作的紧密关系，并已准备好接受某位挑剔的雇主对自己进行彻头彻尾的审查？

我在本书中谈论过的大多数细枝末节的事情可以用联合国前秘书长科菲·安南说过的一句话进行总结：“人的品质胜过一切。”

因此，请记住这一点，这可能是最重要的事：一个成功的职业生涯并不在于你知道什么或者你认识谁，而在于你是怎样的人。

所以，做你自己，做最好的自己，好好做事。

致　谢

即使写一本书所做的工作无非是坐在桌前，让那只忠诚而可爱的黑色拉布拉多/金毛混种救援犬依偎在我的脚边，一本书的诞生不是仅靠我自己的力量完成的。

写这本书时尤其如此。在写作期间，我丈夫正面临可怕的健康问题、手术以及好几个月的恢复期，这一切都开始于我计划写作的这一周里。因此我要对一些人特别表示感谢。

首先，我想感谢每一位向我提供信息的人，这着实帮助了我不少。感谢所有与我分享了他们价值观的雇主们。感谢多家机构组织，比如人力资源管理社区、凯业必达（CareerBuilder，北美最大招聘网站）、谷歌和领英网络，感谢你们提供的宝贵信息。我特别感谢埃里克·札克曼、罗伯·巴索、黛安娜·邓金、亚历克斯·丘吉尔、迈克尔·兹维克、艾伦·扬以及比尔·斯特劳斯愿意花时间对我提出的众多问题进行解答。我还感谢巴布·金、特丽莎·巴斯、尼克·帕多克和米歇尔·沙利文为本书提供了他们的故事。

如果没有兰迪·麦克纳特、谢丽尔·鲍尔和玛格利特·麦克格克专家级别的洞察力，就不会有任何成功的项目。

感谢我的编辑，来自 AMACOM 出版社的埃伦·卡丁以及我的经纪人琳达·寇纳，感谢你们对此书的信赖。

我最诚挚的感谢要献给佩顿·贝克、迈克尔和贝弗莉·奥布赖恩、黛安娜·泰勒、比尔和妮娜·斯特劳斯、布伦达和斯特林·斯泰格斯、丹尼斯·卢瑟福、马克·卢特瓦克和 Y. 约克、斯蒂夫和玛丽·安妮·威廉姆斯、B. J. 加里、凯伦和埃迪·塞克斯以及其他朋友，他们在 2012 年头三个困难的月份里为我们家送来营养品，帮忙清理垃圾，帮我们遛狗。

感谢我的母亲，她是给我最多鼓励的人。也感谢弗洛伦斯·考夫曼，她也同样鼓舞着我。很遗憾，她今年去世了，我非常想念她曾给予我的支持。

感谢我的丈夫格雷格·纽贝里，他是一个善良、坚强、有创意、有耐心的好丈夫。

感谢你们，亲爱的读者朋友。若不是因为你们，我不知道应该与谁交流。

关于作者

安德里亚·凯伊是一位职业生涯顾问，也是多家报刊杂志的专栏作家，她出版了六本有关职业生涯的书籍，包括最家喻户晓的《生活是个婊子，你需要改变自己的职业生涯：脱离怯懦并创造未来的 9 个步骤》。她最擅长“职业生涯心理治疗”，在治疗过程中，她能迅速掌握问题核心，并帮助人们达到他们想要的目的。

从 1988 年作为一家周刊的专栏作家开始，安德里亚针对职业生涯和职场问题发表了超过 1300 篇文章。今天，她的专栏“在职场”出现在多家媒体上，包括在全美范围内发行的《今日美国》，甘乃特集团发行的报纸以及其他网络媒体。

由于安德里亚在专业沟通领域里坚持“以最高标准来工作”以及对职场女性的支持，她被授予“职场女性沟通宝石大奖”。她被誉为“最佳职业资深顾问”以及“杰出女性导师”。她的书籍在文学和艺术领域均取得了不菲的成就。

安德里亚在东方基金会下属的美国编剧协会所组织的“退伍军人项目”中担任志愿者导师一职，专门为退伍军人补习写作课程；她也是一位帮助阿尔茨海默患者的艺术家（详情请登录 FlutterbybyAndreaKay. com）。同时，她还学习了 20 多年的西班牙语。

安德里亚个人网站：AndreaKay. com

领英主页：http：//www. linkedin. com/in/kayandrea

推特主页：http：//twitter. com/andreakaycareer